EX LIBRIS
DR. J. MÜLLER

Über dieses Buch Der böse und der laute, der zartfühlende und der leise Hašek kommen in den 29, hier erstmals in deutscher Sprache vorliegenden Humoresken zu Wort.
In dem Maße, wie der Autor den kleinen Mann von der Straße, die Bohème und den Weinkonsum liebte, verabscheute er den Kleinbürger, die Obrigkeit und ihre Vertreter in Kirche, Staat und Militär. Er bekannte sich zur Respektlosigkeit als Geisteshaltung, und er besaß satirische Phantasie: beide fanden in den oft aberwitzigen Einfällen seiner Erzähllogik ihren angemessenen Ausdruck.
Ob Groteske oder Humoreske, ob Narrenposse oder Satire, Hašek zieht auch in den vorliegenden Geschichten souverän alle Register seiner Spott- und Fabulierlust.
In bunter Reihenfolge werden in ihnen fromme Heuchler, niederträchtige Pauker und gequälte Pennäler, hochanständige Bürger, pseudoemanzipierte Weibchen, verrückte Individuen und die löbliche Polizei auf die Schippe genommen.
Auf die Spitze getrieben aber wird der boshafte Spott, wenn der Autor die zeitgenössische Presse verulkt oder die von ihm ins Leben gerufene »Realistische oder Fortschrittliche Partei in den Schranken der Gesetze« als Vehikel politischer Satire einsetzt. Erfreulich, daß Hašeks satirische Schöpferfreude auch vor der eigenen Person nicht haltmacht. Um die geht es in der Kneipengeschichte ›Meine Montmartre-Tragödie‹ und der in Form einer Lebensbeichte verfaßten Humoreske ›Jaroslav Hašek, der größte tschechische Schriftsteller‹, in der übertriebene Bescheidenheit die Lust am Größenwahn nur um so deutlicher hervortreten läßt.

Der Autor Jaroslav Hašek wurde am 24. 4. 1883 in Lipnice/Tschechoslowakei geboren. Er starb vierzigjährig am 3. Januar 1923. Neben den in fast alle europäischen Sprachen übersetzten ›Abenteuer(n) des braven Soldaten Schwejk‹ schrieb Jaroslav Hašek zahlreiche humoristisch-satirische Erzählungen.
Die Herausgeberin Jana Halamíčková wurde 1949 in Prag geboren. Sie lebt seit 17 Jahren in der Bundesrepublik. Nach einem Studium der Romanistik in Freiburg i. Br. lebt sie heute als freie Mitarbeiterin und Autorin des Norddeutschen und des Hessischen Rundfunks in Hamburg.
Als *Fischer Taschenbuch* erschienen außer dem vorliegenden Band: ›Von Scheidungen und andern tröstlichen Dingen. Humoresken von J. Hašek‹ (Bd. 5766) und ›Schule des Humors. Zwölf Lektionen. Kurzgeschichten‹ (Bd. 5372).

Jaroslav Hašek

Der Abstinenzlerabend und andere Humoresken

Herausgegeben und
aus dem Tschechischen übersetzt
von Jana Halamíčková

Fischer Taschenbuch Verlag

Lektorat Ingrid-Maria Gelhausen

Deutsche Erstausgabe
Veröffentlicht im Fischer Taschenbuch Verlag GmbH,
Frankfurt am Main, März 1986

Umschlaggestaltung: Jan Buchholz / Reni Hinsch
Gesamtherstellung: Clausen & Bosse, Leck
Printed in Germany
780-ISBN-3-596-25840-5

Inhalt

Der Abstinenzlerabend oder Ein amerikanisches Vergnügen

I

Schon in der Bibel kann man sich von den traurigen Folgen der Trunksucht überzeugen. Dort steht, daß das bekannte Individuum Cham sich wegen eines moralischen Verstoßes, den es im betrunkenen Zustand an seinem Vater verübt hatte, vor Gericht verantworten mußte.
Ich kenne jedoch noch andere Beispiele: ein betrunkener Geistlicher aus Interlaken wollte einmal die Heilige Messe nur im Hemd zelebrieren, und mein Freund Slavík verspeiste stockbetrunken eine junge giftige Kobra bei lebendigem Leib, ein entzückendes Schlangenbaby aus dem Dresdner Zoo.
Diese und andere Fälle veranlaßten die Menschheit, über die verheerenden Folgen des Alkoholgenusses nachzudenken, und die Amerikaner machten einen ersten konkreten Schritt in diese Richtung. Durch die Einführung der Prohibition zeigten sie der ganzen Welt, wie leicht es ist, Scharfsinn und Erfindungsreichtum des Menschen anzustacheln, wenn es darum geht, die Prohibitionsgesetze zu unterlaufen.
Es entwickelte sich eine Sonderform der Abstinenz: der sogenannte verzweifelte Abstinenzismus. Unter dem Druck des Prohibitionsgesetzes wurden Menschen, die ihr Leben lang keinen Alkohol getrunken hatten, zu Säufern und Salon- und Barbesitzer zu Betrügern.
»Whisky and Brandy!« das ist der Slogan, der heutzutage in ganz Amerika Furore macht und sich überall, von New York bis San Francisco, von Kanada bis Mexiko, durchsetzt.
In diesem riesigen Areal warten täglich einige Millionen Gentlemen in Millionen von Bars darauf, daß der Barkeeper an sie herantritt, ihnen ein Glas Whisky in den Rachen kippt und das Geld kassiert. So macht man das heute in Amerika. Alkohol wird der Polizeispitzel wegen nicht in Flaschen verkauft, da ein beschlagnahmtes Fläschchen ein Beweis der Gesetzesmißachtung wäre.

Die Gentlemen reißen einfach das Maul auf, und das Zeug wird hineingekippt.
Die Prohibition treibt die Kriminalitätsrate in die Höhe, denn mehr als siebzigtausend Menschen sitzen schon heute wegen unerlaubten Alkoholausschanks in amerikanischen Gefängnissen, so daß Amerika in der Kriminalstatistik den Rekord hält.
Bei uns in Böhmen haben weder die YMCA [Young Men's Christian Association, dt: Christlicher Verein Junger Männer] noch die Heilsarmee mit ihrer fixen Idee Erfolg, daß das schönste Geschenk an die Menschheit die Prohibition sei. Bei uns hat der Alkoholismus seine Tradition, gefördert durch zahlreiche königliche Erlasse, die den Städten befahlen, Bier zu brauen, und den Untertanen, Bier zu trinken. Die berühmte Brauerei Destinka hat vor einiger Zeit sogar eine Schnapsbrennerei aufgekauft und schloß sie ihrem florierenden Unternehmen an.
YMCA bei uns? Von wegen. Ist das Bier achtprozentig, wird jedes Glas mit drei bis vier Schnäpschen aufgebessert. Ist das Bier zehnprozentig, wird es mit zwei Schnäpsen veredelt, und das zwölfprozentige braucht nur einen Schnaps.
Alle Werbekampagnen der YMCA im Namen der Nüchternheit sind daher keinen Schuß Pulver wert, wenn die Zeitungen in Inseraten garantiert siebzigprozentige Liköre anpreisen und für die Likörspezialisten mit vielversprechenden Losungen wie »Hau zu!« oder »Los, ran!« werben.

II

Man kann nicht sagen, daß die Stadt, in der der Versuch unternommen wurde, einen Abstinenzlerabend oder ein sogenanntes amerikanisches Vergnügen zu veranstalten, lasterhafter gewesen wäre als andere Städte unseres Landes. Die Alkoholiker hielten dort Schritt mit den Alkoholikern anderer Städte; wie anderswo kamen auch hier auf fünf Nüchterne ein Besoffener, und auf drei Einwohner eine Flasche Schnaps täglich. Nachts fand man immer ein Dutzend Betrunkener irgendwo auf der Straße liegen, wie in jeder anderen Stadt mit vergleichbarer Einwohnerzahl, und bei Tage lungerten gewöhnlich zwei oder drei Besoffene auf dem Bürgersteig herum. Man kann auch nicht sagen, in dieser Stadt hätte es mehr Gebrüll oder mehr

Krawalle gegeben als anderswo. Hier und da zerschlug einer an einem anderen seinen Stock, einmal im Jahr wurde einer von einem Besoffenen mit dem Messer gekitzelt, und das war schon alles.

Daher war es für diese Stadt eine große Sensation, als eine Dame, die nach dem Tode ihres Gatten aus Amerika in ihre Heimatstadt zurückgekehrt war, die Öffentlichkeit mit ihrer Idee, einen Abstinenzlerabend zu veranstalten, in Unruhe versetzte. Das Vergnügen sollte in der Gaststätte des Herrn Vašata stattfinden.

Der arme Herr Vašata mußte hundertzwanzig Stühle und achtzig Tassen für den Tee auftreiben, den die Amerikanerin mit der Frau Bahnoberrevident bereiten wollte. Die Frau Bahnoberrevident konnte sich für die geplante Veranstaltung spontan begeistern, denn es verging kein Tag, an dem der Herr Oberrevident, wenn auch nicht stockbetrunken, so doch ziemlich angeheitert heimkam.

Der verstorbene Gatte der Amerikanerin war einer der Vorkämpfer der Abstinenzlerbewegung in Alabama und Oberprediger irgendeiner religiösen Sekte gewesen.

Die Plakate, die die Dame drucken ließ, erinnerten an Todesanzeigen:

Abstinenzlerabend
Ein amerikanisches Vergnügen
ohne Alkohol

Geht Betrunkenen aus dem Weg!
Alkohol erniedrigt das Ebenbild Gottes und macht den Menschen zum unvernünftigen Tier!

Am 9. **April** können Sie sich **ohne Alkohol** im Restaurant ›Vašata‹ vergnügen!
Beginn: 19 Uhr

PROGRAMM:
- Die Begrüßungsworte spricht Frau Picknown, eine Tochter unserer Stadt
- Gesellschaftsspiele

Zur Erfrischung wird kostenlos Tee serviert.

Kommen Sie zahlreich und überzeugen Sie sich, was Ihnen besser gefällt:

Ein Vergnügen mit oder ohne Alkohol!

In der Bevölkerung kam es zu einem wahren Aufruhr, dessen Tendenz in den Worten des Herrn Polívka, eines alten Försters im Ruhestand, zum Ausdruck kam: »So 'n Vergnügen gehört in keine Gastwirtschaft nicht, mit dem Tee soll'n se man besser auf eine Waldwiese ziehn!«

Der Kapellmeister Vořech aber ging noch weiter und tönte in der Bahnhofswirtschaft: »Ich geh hin und laß mich volllaufen!«

Den gleichen Vorsatz faßten Dutzende von Bürgern.

Über dem Abstinenzlerabend zogen sich drohende Wolken zusammen.

III

Im Saal des Restaurants ›Vašata‹ hatten sich zahlreiche Gäste versammelt. Lauter standhafte Säufer waren in Begleitung ihrer Ehefrauen erschienen, die es sich nicht entgehen lassen wollten, die Einladung und deren Wirkung auf ihre Männer zu studieren.

Frau Picknown hatte noch lebhaft in Erinnerung, wie ihr verstorbener Gatte einst in Alabama den alten Gaunern aus dem Wilden Westen donnernd ins Gewissen geredet hatte, sie müßten endlich vom Whisky loskommen und sich an die Bibel halten. Sie hielt eine kurze Ansprache. Ihre Rede wimmelte nur so von Amerikanismen und saftigen Schimpfwörtern. Eine ihrer milderen Formulierungen lautete: jeder, der trinke, sei ein elender Schuft, wobei die Hälfte der Ehefrauen ihre Männer anstieß und flüsterte: »Siehste? Das hab ich dir schon immer gesagt.«

Frau Picknown erzählte auch aus dem Leben der Säufer in Amerika, die es mit ihrer lasterhaften Lebensführung bis zum elektrischen Stuhl gebracht hätten.

Einige Besucher versuchten unauffällig wegzuschleichen, um im Ausschank ein paar Tropfen zu trinken. Aber an der Tür wurden sie von der Frau Oberrevident zurückgewiesen, die den Ausgang bewachte, was sich jedoch als sinnlos erwies, da einige Herren den Saal bereits mit einem Sprung aus dem Fenster verließen. Aus dem Garten in die Küche, von der Küche an die Theke.

Als Frau Picknown ihre Ansprache beendet hatte und erklärte, das Programm werde jetzt fortgesetzt, hatten bereits alle anwesenden Herren diesen abenteuerlichen Ausflug erfolgreich hinter sich gebracht. Es folgten die Gesellschaftsspiele. Frau Picknown erläuterte die Spielregeln. Aus der Tasche zog sie eine Pfeife hervor, wie sie Schiedsrichter beim Fußballspiel benutzen. Sobald sie ein Zeichen auf der Pfeife gebe, könne es losgehen.

Das erste Spiel: Die Damen bilden den äußeren Kreis, die Herren den inneren, und beide bewegen sich in entgegengesetzter Richtung, wobei die Damen wie die Herren einander die Hände reichen. Doch bevor die Kreise aufgestellt waren und sich in Bewegung setzen konnten, war es zwei Teilnehmern bereits gelungen, sich an der Theke restlos vollaufen zu lassen, so daß sie schon beim Händereichen umkippten und von ihren Ehefrauen in den Ausschank geschleppt werden mußten.

Die Prohibitionsbewegung zeigte die ersten positiven Ergebnisse. In den kleinen Pausen zwischen den Gesellschaftsspielen mußten die Teilnehmer alles nachholen, was sie inzwischen versäumt hatten, so daß sie den Alkohol mit Tempo und in solchen Mengen wie noch niemals zuvor in sich hineingossen. Bevor das nächste Spiel in Angriff genommen wurde, leerte ein Herr, der unter normalen Umständen höchstens vier Glas Bier trank, eine halbe Flasche Schnaps auf einen Zug und hätte auf dem Hof beinahe den Schweinestall in Brand gesetzt, als er dort am hellichten Tag mit einem brennenden Streichholz in der Hand den Saaleingang suchte.

Das zweite amerikanische Gesellschaftsspiel bezeugte den Scharfsinn seiner Erfinder. Auf einem Teller lagen zehn Erbsen. Die Aufgabe bestand darin, alle Erbsen mit der flachen Seite eines Tischmessers aufzunehmen, sie an das andere Saalende zu tragen und Frau Picknown in den Schoß zu werfen.

Die Gäste, denen der Alkohol bereits zu Kopf gestiegen war, amüsierten sich prächtig. Sie traten an den Tisch, unternahmen verzweifelte Versuche, zumindest eine Erbse auf das Messer zu heben, bis schließlich Herr Pexides, der zwar vollgelaufen, aber der gerissenste von allen war, weil er heimlich auf das Messer spuckte, alle zehn Erbsen leicht vom Teller hob, sie ans andere Ende des Saals hinübertrug, Frau Picknown in den Schoß warf und das Messer artig an ihrem Rock abwischte.

In der darauffolgenden Pause, in der die Frau Oberrevident den Damen eine Tasse Tee und Plätzchen servierte – eine Spende der Veranstalterin –, drängten sich die Herren um die Theke und leisteten dem jubelnden Ausruf des Herrn Pexides Folge: »Jetzt lassen wir uns vollaufen!«
Aus allen Augen strahlte tiefe Freude, und die Veranstaltung gefiel ausnehmend gut, so daß ein weiteres amerikanisches Gesellschaftsspiel mit großem Jubel begrüßt wurde.
Als sich alle wieder im Saal versammelten, ausgenommen jene, die im Ausschank nicht mehr vom Stuhl hochgekommen waren, weil sie weiche Knie hatten, pfiff Frau Picknown auf ihrer Trillerpfeife, so wie ein Schiedsrichter Abseits pfeift, und rief: »Alle Herren raus!«, was mit großem Hurra dankbar begrüßt wurde.
Nachdem die Herren den Saal verlassen hatten, wurden unter den Damen Nummern von eins bis hundert verteilt. Die Dame, die die Nummer eins bekam, mußte in einen Sack kriechen, der zugebunden und mit dem lebenden Inhalt auf den Tisch gesetzt wurde. Die angeheiterten Herren wurden in den Saal zurückgerufen, und die Dame im Sack versteigert. Das erste Angebot belief sich auf zwanzig Heller.
Gewinner der Dame im Sack war schließlich der pensionierte Förster, der ein Höchstangebot von zehn Kronen und sechzig Heller gemacht hatte. Es zeigte sich, daß er für diesen geringen Betrag die vor Angst halbtote Großmutter der Frau Postinspektorin ersteigerte, die ihre Enkelin begleitet hatte. Auf diese war zur ungeheuren Erleichterung aller Damen die Nummer eins gefallen.
Der pensionierte Förster geriet dermaßen in Rage, daß er zuerst bleich wurde, um dann puterrot anzulaufen; er zog die Uhr aus der Weste, steckte sie in die Hosentasche, riß sich den Rock und die Weste vom Leibe und zog beides im Handumdrehen wieder an, wobei er drohend sagte: »Da haben wir's!«
Alle warteten gespannt, was nun folgen würde, aber es geschah rein gar nichts. Herr Polívka spuckte verächtlich aus und rief: »Diese Halunken!« Dann marschierte er stolz in den Ausschank, wo er Herrn Vašata gegenüber wiederholte: »So 'n Vergnügen gehört in keine Gastwirtschaft nicht, mit dem Tee soll'n se man besser auf 'ne Waldwiese ziehn!«
Der Mann, der beinahe den Schweinestall in Brand gesteckt

hatte, war dermaßen begeistert, daß er seiner Gattin, die ihn auf dem Stuhl festhalten mußte, damit er nicht umkippte, vorstotterte: »Jetzt s-s-sehe ich erst, wi-wie schön d-d-das ist, wenn man Ach-Ach-Achstinenzler ist.«

Seine Frau erwiderte: »Nie hätte ich gedacht, daß ich mit dir in der Öffentlichkeit eine solche Blamage erleben würde.«

Frau Picknown pfiff wieder Abseits und rief mit rauher Männerstimme: »Alle Damen raus!«

Doch den Damen folgte natürlich die Hälfte der Herren, die die Pause zu einer verlockenden Bekanntschaft mit den Likörspezialitäten des Restaurants Vašata nutzen wollten. Mit dem Rest der Herren blieb Frau Picknown allein im Saal.

Die würdige Dame war von ihrer Prohibitionsidee so begeistert, daß sie bislang gar nicht mitbekommen hatte, was um sie herum eigentlich vor sich ging. Als der Förster Polívka in den Saal hineintorkelte und mit ihm der Kapellmeister Vořech, der in der Bahnhofswirtschaft erklärt hatte: »Ich geh hin und laß mich vollaufen!«, bemerkte die idealistisch gesonnene Dame, daß hier etwas im argen lag.

Frau Picknown wollte gerade erklären, wie die Versteigerung der Herren ablaufen sollte, als sich ihr Polívka und Vořech näherten. Sie hielten einander wie Rekruten um den Hals gefaßt, beschrieben mit den freien Armen seltsame Kurven in der Luft und brüllten ein altes Soldatenlied, daß die Fensterscheiben klirrten: »Als wir nach Jaroměř zogen, 's waren noch Zeiten...«

Frau Picknown wußte selber nicht, wie sie plötzlich rittlings auf die Knie des Herrn Polívka geraten war, der sie reiten ließ und sang: »Hopp, hopp, hopp! – Hopp, hopp, hopp! – galoppiert der Reiter, wenn du stirbst, nehm ich eine andre...«

Der Kapellmeister Vořech kniff sie in die Wangen, zog eine Haarnadel aus ihrer Frisur und stocherte damit in seinen Zähnen herum; Frau Picknown spürte noch, wie man ihr einen Schnaps in den Mund goß und jemand sie ins Knie zwickte.

Kurz darauf drangen die Damen in den Saal, warfen alle Männer hinaus und verwüsteten das Lokal so, als wären sie auf einer Kirmes...

IV

Trotz erheblicher Sachschäden, die das Lokal erlitten hatte, erklärte Herr Vašata in aller Öffentlichkeit, die schlechte Einrichtung der Gastwirtschaft lasse sich durch eine bessere ersetzen, wenn man einen Abstinenzlerabend oder ein amerikanisches Vergnügen veranstalte.

Der Traum des Quartaners Papoušek

Der Quartaner Papoušek ging mit Gaius Julius Caesar spazieren.
»Ich weiß nicht, Junge«, sagte Julius Caesar zu Papoušek in einem Ton, der Lateinlehrern vorbehalten ist, »wie gut du in der lateinischen Sprache vorankommst.«
Seite an Seite wanderten sie durch die außerhalb der Stadt liegenden Felder, und als Papoušek Julius Caesar furchterfüllt anblickte, merkte er, daß Caesar haargenau so aussah wie auf dem Bild, das in seinem Klassenzimmer hing: streng, rundlich, in einer enganliegenden Toga und mit Sandalen an den Füßen. Nur auf dem Kopf trug er einen Kranz aus Löwenzahn anstelle des Lorbeers. »Ich lerne mit Toník Pálka«, antwortete Papoušek angsterfüllt und beobachtete, daß an Caesars Hüfte das Schwert schwang, mit dem er den Führer der Aremorikaner erschlagen hatte.
»Toník Pálka ist kein guter Schüler«, erwiderte Julius Caesar mit düsterer Miene, »von eurem Direktor habe ich gehört, daß Toník Pálka nicht gewußt hat, wann die Schlacht bei Farsal stattgefunden hat, in der ich gesiegt ... wen habe ich besiegt, Papoušek?«
Der arme Papoušek fuhr zusammen. Rings herum nichts als Natur, nirgendwo eine lebendige Seele, Caesars Schwert glitzerte in der Sonne, und Papoušek wußte nichts über die Schlacht bei Farsal.
»Toník Pálka«, stieß Papoušek, um sich zu retten, hervor, »hat über Sie, Herr Gaius Julius Caesar, gesagt, daß Sie den Rubikon nicht überschritten haben.«
»Was?« schrie ihn Caesar an, »quindam? Hast du einen guten Kameraden! Den werde ich in Ketten nach Rom führen und von meinen Gladiatoren enthaupten lassen. Weißt du, was ich mit Ariovista gemacht habe?«
»So weit sind wir bitte noch nicht gekommen«, flüsterte Papoušek entsetzt, »wir haben gelernt, daß Gallien aus drei Teilen besteht, quarum unam incolunt Belgae, tertiam Quintani, wo-

bei der eine von Belgiern und der dritte von Aquitanern bewohnt wird.«
»Und wo bleibt der zweite Teil?« schrie Caesar wütend und spuckte in die Felder, »Bengel seid ihr alle! Im Jahre 54 vor Christus habe ich Britannien erobert und darüber ein Kapitel in meinen Memoiren über den Gallischen Krieg geschrieben. Im Jahre 1909 erfährt ein Junge davon, der nicht besser als die meisten ist, und er behält das Datum nicht, auch dann nicht, wenn ich ihn erschlagen würde. Das war im Jahre 54 vor Christus und nicht 53, wie gestern dein Klassenkamerad Bukáč im Geschichtsunterricht irrtümlich behauptet hat. Dafür hat er eine Sechs gekriegt, und es ist ihm recht geschehen. Ich habe den Krieg mit den Briten nicht geführt und die Aeden, Belgier, Armorikaner und den Führer der Arvernen nicht besiegt, damit Bukáč eine Sechs bekommt und weint.«
Mit seinem Schwert hieb Julius Caesar Löwenzahn auf dem Rain ab und schmückte damit seinen Kopf.
Der Quartaner Papoušek sah Julius Caesar furchterfüllt an, und da er ihm gefallen wollte, sagte er: »Ich weiß, daß Sie, Euer Gnaden, einmal gesagt haben ›veni, vidi, vici‹.«
»Freilich«, erwiderte Julius Caesar wohlwollend, »etwas Ähnliches habe ich einmal gesagt, ich sehe, meine Person ist dir nicht ganz gleichgültig, und das freut mich.«
Im Ton eines Lateinlehrers fuhr er fort: »Deine Bildung ist leider zu lückenhaft; wenn ich dich fragen würde, in welchem Jahr ich Ägypten verlassen habe, würdest du, anstatt Antwort zu geben, heulen. Zu meiner Zeit mußte man nicht so viel Schulgeld zahlen, doch die Jungen waren klüger. Ich erinnere mich, daß ich als Kind in deinem Alter einen Sklaven mit dem Dolch erstochen habe, der sich weigerte, in einen Bottich mit kochendem Wasser zu springen. Der Rhetoriker N. Antonius Guiphon war mein Lehrer; ihm habe ich einen Finger abgebissen. Ich bin im römischen Forum spazierengegangen, und als ich sechzehn war, habe ich den zweiten Sklaven, der es versäumte, mich zu grüßen, getötet. Auf diese Weise habe ich meinen glorreichen Weg fortgesetzt, habe schließlich mehrere Schlachten gewonnen und zu guter Letzt die Kleopatra verführt. Aber ihr seid Feiglinge! Wenn ihr eine schlechte Note bekommt, fürchtet ihr euch vor dem Rohrstock, und vor den schriftlichen Arbeiten habt ihr die Hosen voll. Euer Direktor

sieht euch nur an, und schon erbleicht ihr. Ihr verdient kein Mitleid. Das beste wäre, euch in eine Arena zu sperren und eure mit Schwertern bewaffneten Lehrer sowie euren Schuldirektor auf euch loszulassen. Dann würden die Gladiatoren euch öffentlicher Fragen zur lateinischen Satzlehre stellen, und eure Antworten würden die Lehrer rasend machen. Sie würden euch auf dem Sand in der Arena ermorden, weil ihr nach der Präposition cum und nach dem infinitivum cum accusativum den Konjunktiv nicht richtig anwenden könntet. Einige Schüler würde ich den Löwen vorwerfen lassen, weil sie vom futurum exactum keine Ahnung haben. Es ist entsetzlich, daß dein Klassenkamerad Winter neue lateinische Wörter erfindet, und wenn er nach den unterschiedlichen Bedeutungen dieser Wörter gefragt wird, schändet er die lateinische Sprache. Noch abscheulicher ist aber, daß er nichts über die Schlacht bei Mund weiß, nach der ich am 17. März 45 vor Christus Herrscher des ganzen Römischen Imperiums geworden bin.«
Julius Caesar erhob sich und flocht in seinen Kranz aus Löwenzahn noch ein wenig Quendel- und Wegerichblätter.
»Der Schulrat c. k.«, fuhr er fort, »hat meine Aufzeichnungen vom Gallischen Krieg gutgeheißen; übergib diesen Kranz dem Oberschulinspektor c. k.«
Julius Caesar nahm den Kranz aus Löwenzahn, Wegerich und Quendel ab, reichte ihn Papoušek und rief: »Denk über die lateinische Satzlehre nach!« Dann schwebte er zum Himmel hinauf.
Der Quartaner Papoušek wachte auf. Im gegenüberliegenden Bett schlief sein Vater und pfiff durch die Nase. Im Morgengrauen sah sein Gesicht sehr streng aus. Papoušek fiel plötzlich ein, sein Vater würde morgen seine Noten zu sehen bekommen und erfahren, daß sein Sohn in der Schulkonferenz ein ›ungenügend‹ bekommen hatte. Er warf einen flüchtigen Blick auf seine Hose, die er abends über den Stuhl geworfen hatte. Der Quartaner Papoušek weinte leise in die Federkissen...

Das Prager Amtsblatt

Jedesmal, wenn ich das ›Prager Amtsblatt‹, das amtliche Organ der Regierung, in die Hand nehme, freue ich mich über seinen bildenden Wert. Von seiner äußeren Aufmachung läßt sich wenig sagen, sie ist ziemlich miserabel; der Inhalt dagegen unterhält durch moralische Belehrungen und strotzt von lustigen Einfällen, so daß es geradezu eine Wonne ist, die Beiträge der Regierungsredakteure, unter denen die mannhafte Gestalt von O. Chvatil herausragt, durchzuschmökern. Oft findet der Leser in diesem Blatt Sätze, die ihm auf den ersten Blick als absolut unsinnig erscheinen müssen. Ich sage, auf den ersten Blick, denn schon im nächsten Augenblick wird jedem klar, daß ausgerechnet hier der Schreiber einen großartigen Witz losgelassen hat. Sie lesen zum Beispiel von dem Unglück, das sich bei Luzin in der Schweiz ereignet hat, und bei dem zehn Einheimische zusammen mit dem Kapitän Liong ertrunken sind. Liong war ein Chinese, und Sie fragen sich, wie es der arme Teufel in der Schweiz zum Kapitän gebracht hat und nach seinem Tod zu allem Überfluß noch ins ›Prager Amtsblatt‹ gekommen ist. Dann suchen Sie Luzin. Sie wissen, daß es in der Schweiz die Stadt Luzern, aber kein Luzin gibt; Luzin ist eine Kreisstadt im russischen Gouvernement Wieteb, und schließlich fällt Ihnen Luzon ein, die größte Insel der Philippinen, wo es von Chinesen nur so wimmelt. Es könnte schon eher stimmen, daß dort der Kapitän Liong ertrunken ist. Sie lesen weiter und stellen fest, daß er ein Pirat war, und in der Tat, wie treffend gibt es die Lokalnachricht der amtlichen Zeitung wieder: PIRATEN TREIBEN IHR UNWESEN IN DER SCHWEIZ.

Mit Erstaunen nimmt man die pädagogischen Bemühungen des ›Prager Amtsblattes‹ zur Kenntnis. Der Leser darf den Lokalnachrichten des Blattes nicht einfach Glauben schenken, sondern muß prüfen und nachforschen, um die Lösung des Rätsels zu finden, das das ›Prager Amtsblatt‹ seinen Lesern in Form einer unschuldigen Lokalnachricht schenkt. Auf diese Weise bildet sich das Publikum. Darin liegt der Wert dieser Tageszeitung. Der Leser eilt in einen Lesesaal und vergleicht die Namen der Flüsse, der Länder und der Städte, die er im ›Prager Amtsblatt‹ genannt findet, mit denen des Lexikons. Allmählich bekommt er Lust, zu studieren; während der Lektüre des ›Prager Amtsblattes‹ im Lexikon nachzuschlagen, wird ihm zum täglichen Bedürfnis. Und die Hoffnung besteht zu Recht, daß der Leser in seinem Streben nach Bildung das ganze Wörterbuch studieren und noch auf andere Sachverhalte aufmerksam werden wird, die ein Intellektueller einfach wissen muß; die Seele des Lesers wird weich und zart, er wird über Kunst und Kunsterziehung nachdenken, in die Oper gehen und überall das ›Prager Amtsblatt‹ empfehlen, das aus ihm einen Intellektuellen machte und den Sinn für Schönheit in ihm weckte.

Was hat das ›Prager Amtsblatt‹ aus Lumpen, Mördern, Räubern und Dieben gemacht? Immer schon war es diese Zeitung, die der Polizei bei der Fahndung nach Räubern und Mördern behilflich gewesen ist, da sie ausführliche Beschreibungen darüber, wie die Täter *nicht* aussahen, veröffentlichte. ›Es wird allgemein vermutet, daß der Täter *keinen* schwarzen Sakko und *keine* graue Hose trug.‹ Die Polizei leitete auf dieser Basis ihre Fahndung ein, die auf diese Weise sehr vereinfacht wurde, da sie nur noch alle Menschen einsperren mußte, die einen schwarzen Sakko und eine graue Hose *trugen*; aber glauben Sie mir, es war lediglich ein Trick des ›Prager Amtsblattes‹, zu schreiben, daß der Täter *keinen* schwarzen Sakko und *keine* graue Hose trug. Man nahm nämlich an, der Täter wird sich, nach der Lektüre dieser Nachricht, just einen schwarzen Sakko und eine graue Hose anziehen, um nicht mehr erkannt zu werden.
Es war das ›Prager Amtsblatt‹, das den Mörder von Magda Novotná so ausführlich beschrieb, als hätte dieser die Beiträge für die Unterhaltungsbeilage der Sonntagsausgabe persönlich abgeliefert und wäre der Redaktion aufs beste bekannt.
Ein Wort aber spielt in den eben zitierten Nachrichten des ›Prager Amtsblattes‹ eine hervorragende Rolle – das Wort ›leider‹. Tag für Tag können Sie lesen: ›Leider ist er geflohen...‹, ›Leider ist er in den Fluß gesprungen...‹, ›Als die Krämerin sich umgedreht hatte, wurde ihr leider Schinken im Wert von zehn Kronen...‹, ›Nach diesen Worten hat er sie leider vergewaltigt...‹, ›Er hat sich leider betrunken...‹

Das ›Prager Amtsblatt‹ ist vielseitig und fesselnd; es besteht aus zwei Teilen, dem ›Amtlichen‹ und dem ›Außeramtlichen Teil‹. Im ›Amtlichen Teil‹ erfahren Sie, was jeder anständige Mensch wissen sollte. Daß die Prinzessin von Schaumburg-Lippe einen kleinen Prinzen zur Welt brachte, oder daß der Statthalter (ich fürchte, die Zensur läßt es nicht durch), daß also der Herr Statthalter mit dem Auto nach Kladno gefahren sei, und von dort aus weiter nach Wien ... Auch die Wettervorhersage gehört hierher. Das schöne Wetter ist somit eine Amtsangelegenheit; auch bei Regen ist es nicht anders, und wer den Regenschirm aufspannt, der mischt sich genaugenommen in die amtlichen Weisungsbefugnisse ein. Ich erlaube mir, die ruhmreiche Redaktion des ›Prager Amtsblattes‹ darauf aufmerksam zu machen. Mit Vergnügen nimmt der Leser weitere amtliche Nachrichten zur Kenntnis. So erfährt man z. B., daß der Kommerzienrat Hachfeld aus Mödling zum Regierungsrat ernannt wurde. Die Freude aller, die Sie fragen, was es denn Neues gäbe, besteht darin, sagen zu können: »Sie wissen also noch nicht, daß der Kommerzienrat Hachfeld aus Mödling zum Regierungsrat ernannt wurde?« Sie eilen weiter, um diese erfreuliche und wichtige Nachricht in weiteren Umlauf zu bringen.

Kaum haben Sie die Freude am ›Amtlichen Teil‹ voll ausgekostet, zieht der ›Außeramtliche Teil‹ Ihre Aufmerksamkeit auf sich. Dort lesen Sie beispielsweise: ›ERLEICHTERUNG DER TODESSTRAFE. Wie uns aus zuverlässiger Quelle mitgeteilt wurde, soll bei der Reform des Gesetzbuches auch eine Erleichterung der Todesstrafe erwogen werden. Diese Erleichterung wird umfassend sein. Wir werden es nicht versäumen, unseren Lesern die Einzelheiten dieser Erleichterung rechtzeitig mitzuteilen.‹ Was erwartet uns angesichts dieser Meldung des ›Prager Amtsblattes‹? Werden nur die Abonnenten des ›Prager Amtsblattes‹ dieser Erleichterung teilhaftig werden? Und was wird aus den anderen, die diese Zeitung nicht abonniert haben?

Lesen Sie weiter, erheitert Sie die Nachricht: ›312 Pilger reisten mit tränenden Augen von Brünn nach Palästina.‹ Diese Meldung ist so wichtig, daß sie im ›Prager Amtsblatt‹ in Sperrschrift gesetzt wurde.

Konnten Sie sich entgegen aller Vermutung bisher nicht erfreuen, so wird Sie das Feuilleton sicherlich unterhalten, in dem ein gewisser Jan Josef Svátek seine Abenteuer bei den Arabern in Tunesien schildert. Abenteuer, die Sie ergreifen werden. In jedem Feuilleton beschreibt Herr Svátek, wie er Mokka trinkt und sich von den Wanzen zwicken läßt. Und das treibt er schon seit April.

Der größte Vorteil des ›Prager Amtsblattes‹ liegt zweifelsfrei in seinem Papier, das nicht grob, sondern fein und geschmeidig ist. Dieses Papier loben die Polizisten, die das ›Prager Amtsblatt‹ kostenlos beziehen, denn auch die Polizei soll sich bilden.

Nachdem das Blatt seine Aufgabe, den Geist zu unterhalten, erfüllt hat, kommt es seiner äußeren Mission mit einer Liebenswürdigkeit nach, zu der nur die feste Hand eines Polizisten fähig ist. Dann fällt das Papier hinab und bedeckt mit seiner amtlichen Oberfläche die außeramtlichen Verrichtungen der Sicherheitsorgane.

Die Sünde des Pfarrers Ondřej

Pfarrer Ondřej saß schon das achtzehnte Jahr im Fegefeuer, ohne die Gründe für seinen Verbleib zu kennen. Noch immer war er nicht endgültig verurteilt worden, obwohl in den letzten Jahren der lebhafte Andrang auf das Fegefeuer nachgelassen hatte. Die meisten Seelen hielten sich sowieso nur kurz hier auf und wurden bald unter Zähneklappern und Gliederschlottern in die Hölle abgeführt. Nach geraumer Zeit faßte Pfarrer Ondřej sich ein Herz und fragte einen der Engel, die Wache schoben: »Warum halten Sie mich hier fest, meine Herren?«

Die Engel schüttelten ihre Flügel und erwiderten: »Ihr Prozeß ist noch nicht beendet, Hochwürden.«

Diese Worte machten ihn sehr beklommen, wie eben Seelen im Fegefeuer beklommen sind, denn er war sich keiner Schuld oder Sünde bewußt. Er war ein Pfarrer von der aufrichtigen Sorte gewesen, so wie sie der tschechische Dichter Alois Rais beschreibt. Auf Erden hatte er alle einschlägigen Erkennungszeichen vorweisen können: das lange weiße Haar, eine zittrige Greisenstimme und eine moralische Seelenreinheit ersten Ranges.

Und nun saß er in Untersuchungshaft schon eine kleine Ewigkeit im Fegefeuer.

In letzter Zeit leistete ihm ein Kaplan Gesellschaft, der die besten Aussichten hatte, an die zehntausend Jahre absitzen zu müssen. Auf einer Jubiläumsausstellung hatte sich der arme Kerl eine Viertelstunde lang unter einer ausgestellten Futterkrippe versteckt, und auf dem Heimweg wurde er vom Schlag getroffen.

»Echte Brüsseler Spitzen, Herr Pfarrer«, sagte der arme Kaplan zu Pfarrer Ondřej, dessen reine Seele jedoch den Unterschied zwischen einem gewöhnlichen und einem Spitzenhöschen nicht begriff.

Und die Engel umschwebten ihn sanft. Da sie Mitleid mit ihm hatten, sangen sie ihm nach den Worten der heiligen Väter die

schönsten Lieder, und sie rieten ihm: »Reichen Sie, Hochwürden, doch eine Bittschrift ein.«
Pfarrer Ondřej folgte dem Rat der Engel.

Hohes Jüngstes Gericht!
Die unterzeichnete Seele des Pfarrers Ondřej stellt hiermit einen Antrag auf Entlassung aus dem Fegefeuer. Ihre untertänigste Bitte begründet sie wie folgt:
A Der Unterzeichnete findet bei Durchforschung seines Gewissens nichts, was ihm als Vergehen angelastet werden könnte. Er hat auf Erden so gelebt, wie es in der Heiligen Schrift geschrieben steht.
B Der Unterzeichnete ist völlig unbescholten, was der Bürgermeister Paluška, der sich zur Zeit im Kessel Nummer 253 in der leichter erträglichen, mit Ventilatoren ausgestatteten Abteilung des Fegefeuers befindet, bezeugen kann.
C Seine Unbescholtenheit und sein anständiges Verhalten kann der Polizeiwachtmeister Josef Loukota gleichfalls bezeugen, der zur Zeit im Himmel am fünften Drehkreuz in Seligkeit lebt.
D Der Unterzeichnete hat eine wundertätige Quelle entdeckt und daraus Wasser an Waisenhäuser und Besserungsanstalten gratis geliefert.
E Er hat sein Studium mit Auszeichnung abgeschlossen, was der Gymnasialdirektor Alexius bestätigen kann, der zur Zeit den Engeln bei der Bewachung von Gymnasiasten im Fegefeuer zur Hand geht.
F Der Unterzeichnete beherrscht perfekt Latein, Griechisch, Hebräisch und Armenisch.
G Er hat niemals irgend etwas bezweifelt.
Aus diesen Gründen bittet der Unterzeichnete, aus dem Fegefeuer entlassen zu werden, und verspricht, im Falle der gnädigen Erfüllung seiner ehrerbietigst vorgetragenen Bitte, sich dieses Vertrauens auch künftig würdig zu erweisen.

Diese Bittschrift wurde ihm zurückgegeben. »Das Rubrum fehlt«, sagte der Engel, der sie ihm brachte. Dieser Engel war zu Lebzeiten Beamter in einer Kanzlei gewesen.

Also schrieb der Pfarrer Ondřej auf die Rückseite:

Betr.: Die Seele des Pfarrers Ondřej bittet um Entlassung aus dem Fegefeuer, sub litteris A, B, C, D, E, F, G.

Am Jahrestag seines Todes (früher werden auch auf Erden Anträge nicht erledigt) erhielt er diese Antwort:

Euer Hochwürden!
Wir erlauben uns, Sie darauf hinzuweisen, daß das Jüngste Gericht in absehbarer Zeit nicht tagen wird. Daher leiten wir Ihren Antrag an den Fegefeuergerichtshof weiter mit der Aufforderung, Ihren Antrag nach Möglichkeit zu bearbeiten und Sie nach Untersuchung Ihrer Sünde vor ein ordentliches Gericht zu stellen.
Im Auftrag der Vorbereitungskommission des Jüngsten Gerichts, Gabriel.

Und weitere Jahre gingen ins Land, begleitet vom Stöhnen der Seelen und den rührenden Gesängen der Engel, die die Ungetauften im Fegefeuer wiegten.
Endlich eines Tages bekam Pfarrer Ondřej seine Vorladung: Hiermit werden Sie vor den heiligen Senat geladen.
Im unteren Teil einer Pergola saß der Senat des Fegefeuergerichts, der nur den Schutzengeln sichtbar war, die den Angeklagten hineinführten. In der Luft schwebte das Lebensbuch des Pfarrers Ondřej, in dem eine unsichtbare Hand blätterte.
»Pfarrer Ondřej«, ertönte eine Stimme, »hier siehst du dein Lebensbuch. Es ist völlig in Ordnung, bis auf ein Blatt. Antworte nun ehrlich auf meine Frage: Hattest du einen Bruder in Australien?«
»Jawohl, Hohes Gericht.«
»Wir stellen eine weitere Frage: Hast du deinem Bruder nach Australien geschrieben?«
»Jawohl, Hohes Gericht. Im Jahre 1882, nach Sydney.«
Das Buch wurde zugeklappt, und eine tiefe Stimme, allen Anzeichen nach die Stimme des Senatspräsidenten, ertönte: »Hast du alle Bücher des heiligen Augustinus, des großen Kirchenlehrers, gründlich studiert?«
»Ja.«

Nur Flügelrauschen war zu hören. Das Gericht zog sich zur Beratung zurück. Erneutes Flügelrauschen, und von oben rief eine Stimme: »Pfarrer Ondřej wird zu 15000 Jahren Zwangsaufenthalt im Fegefeuer verurteilt, die 22 Jahre Untersuchungshaft werden ihm angerechnet.«
Die Begründung lautete:

In seinem vierhundertfünfzehn nach Christus verfaßten Buch ›De retractione, vel librorum recensione‹ erklärte der große Kirchenlehrer Augustinus den Glauben an Antipoden für ketzerisch. Siehe Seite 213. Dadurch, daß Australien zu den Antipoden gehört, ist schon allein der Glaube an die Existenz Australiens eine Gotteslästerung. Dieses Verbrechen kann dem Angeklagten, Pfarrer Ondřej, nachgewiesen werden, da er einen Brief an seinen Bruder abgeschickt hatte, der auf den Antipoden im australischen Sydney lebte. Als mildernde Umstände werden dem Angeklagten Unbescholtenheit und sein ehrliches Geständnis angerechnet.

Gespräche mit dem kleinen Míla

Seit vier Monaten sitze ich bereits in Untersuchungshaft und habe noch immer nicht gestanden, was ich mit meinem kleinen Neffen – dem vierjährigen Míla Klogner – angestellt habe. Verriete ich, wo ich ihn hingebracht habe, und würde er vielleicht gefunden, so müßte ich fürchten, ihn nie mehr loszuwerden. Ich weiß, daß er mich zuallererst fragen würde: »Warum sitzt du denn hier?« Sein verhängnisvolles »Warum?«.

Vor mehr als vier Monaten hatten Mílas Eltern ihrem Sohn versprochen, daß ich, also sein Onkel, mit ihm spazierengehen wollte. Nolens volens mußte ich mit ihm losziehen, nachdem ich den unglücklichen Eltern versichert hatte, das gescheite Bürschlein wieder heil und wohlbehütet nach Hause zu bringen.

Ich sagte ihm gleich, als wir aus dem Haus traten: »Halt dich an meiner Hand, damit dir nichts passiert.« »Warum soll mir nichts passieren?« überraschte mich das gescheite Kind mit seiner ersten Frage. »Weißt du, Mílachen, man könnte dich überfahren.« »Warum sollen sie mich überfahren, warum überfahren sie nicht dich?« »Du bist noch zu klein.« »Warum bin ich noch zu klein?« »Weil du erst vier Jahre alt bist.« »Und warum bin ich erst vier Jahre alt?« »Weil du noch nicht fünf bist.« »Und wie ist es, wenn ich fünf bin?« »Dann bist du ein Jahr älter.« »Was ist älter?« »Siehst du, Míla, jenes Fräulein ist schon älter.« »Onkelchen, warum sagst du jenes?« »Weil es, Schätzchen, nicht dieses Fräulein ist, das uns gerade entgegenkommt.« »Wieso dieses?« »Weißt du, Mílachen, schweig jetzt schön.« »Warum soll ich schön schweigen?«

Da rutschte mir die Hand aus.

Der Bub begann zu weinen, und ich herrschte ihn an: »Hör auf zu heulen.« Er wischte sich die Augen mit dem Ärmel und fragte mich unschuldig: »Warum soll ich nicht heulen?« »Weil du ein Mann bist.« »Und warum bin ich ein Mann?« »Weil du kein Mädel bist.« »Warum bin ich kein Mädel?« »Weil du, liebes Kind, Höschen trägst, und im übrigen wirst du alles erfahren, wenn du älter bist.« »Du trägst auch Höschen, Onkelchen?« »Aber das siehst du doch, Mílachen!« »Warum bist du, Onkelchen, nicht so ein Büblein wie ich?« »Weil ich 'rausgewachsen bin.« »Werde ich auch 'rauswachsen?« »Du wirst auch 'rauswachsen, und jetzt halt den Schnabel.« »Warum soll ich den Schnabel halten?« »Weil ich dich sonst in den Fluß werfe.« »Das würde mir gefallen, Onkelchen.« Jetzt war ich an der Reihe, ihn zu fragen: »Warum würde dir das gefallen, Mílachen?« »Weil ich dann ein Dampfer sein würde.« »Und wieso wärst du ein Dampfer?« »Ich würde schnaufen, Onkelchen, und Leute würden auf mir herumlaufen und die Glocke läuten. Ich wäre der Dampfer ›Chuchle‹ und würde Feuer ausspuken.« Plötzlich zog ein Mann seine Aufmerksamkeit an, der die Straße mit Wasser besprengte. »Warum gießt der Herr Wasser auf die Straße?« »Weil er damit den Staub wegspült.« »Warum begießt er uns nicht?« »Weil er das nicht darf.« »Warum darf er nicht?« »Weil er unsere Kleider ruinieren würde.« »Warum würde er unsere Kleider ruinieren?« »Durch das Wasser, Kindchen.« »Und warum durch das Wasser?« »Weil er die Straße mit Wasser und nicht mit Bier säubert.« »Warum gießt er nicht mit Bier?« »Weil er sich sonst betrinken würde.« »Und warum würde er sich betrinken? Du betrinkst dich auch, Onkelchen, das sagt Mutti. Warum bist du ein Schwein, Onkelchen?« »Das verstehst du nicht, Mílachen, aber schweig jetzt, oder ich hau dir eine runter.« »Und warum haust du mir eine?« »Weil du mich beschimpfst.« »Warum sollte ich dich nicht beschimpfen, zu Hause schimpfen sie dich doch auch aus.« »Aber es ist nicht nett von ihnen.« »Von dir ist es auch nicht nett, Onkelchen.« Ich gab ihm wieder eine Ohrfeige. Doch er zuckte nicht mal mit der Wimper und sagte: »Ich darf nicht weinen, nicht wahr? Du weinst auch nicht, wenn dich die Tante schlägt. Warum schlägt sie dich?« Ich gab ihm einen Stoß in den Rücken. Er verstummte; nach einer Weile rief er, als ob nichts gewesen wäre: »Warum haben diese Häuser die Türen nicht hinten, warum sind die Türen alle vorne?« »Weil niemand sonst hineingehen könnte.« »Und warum geht der hinein?« »Weil er drinnen wohnt.« »Und warum wohnt er drinnen?« »Weil er muß.« »Und warum muß er?« »Weil er nicht auf der Straße schlafen will.« »Und warum will er nicht auf der Straße schlafen?« »Weil er ein anständiger Mensch ist.«

Einen Augenblick lang schwieg er. Dann sagte er: »Aber du wohnst nicht hier, Onkelchen.« Es folgte eine ganze Reihe von Fragen: Warum wird der Baum Baum genannt? Warum wachsen die Baumzweige himmelwärts? Kann man aus einem Baum eine Luftblase machen? Warum platzt eine Luftblase? Warum sehe ich wie eine Luftblase aus? Wann werde ich platzen? (Und er bat mich, erst hinter der Straßenecke zu platzen.)

Als wir einem Hund begegneten, fragte er: »Warum ist er keine Katze?« (Eine weitere Ohrfeige.) Langes Schweigen. Doch in seinem Köpfchen entwickelten sich bereits neue Fragen: »Warum, Onkelchen, backt man aus einem Schutzengel keine Berliner? Warum bin ich verschwitzt? Warum, Onkelchen, streckst du nicht die Zunge raus, wie ein Hund, wenn es dir heiß ist? Warum bist du kein Hund, warum bist du ein Elefant? Warum hast du eine Schnauze, Onkelchen?«

Wir spazierten am Bahnhof vorbei. In einem Anfall von Verzweiflung fragte ich ihn: »Möchtest du nach Ungarn fahren?« »Warum möchte ich nach Ungarn fahren, Onkelchen?« »Weil ich dir eine Fahrkarte kaufen und hübsch zusammen mit dir fahren werde, weißt du, mit der Eisenbahn.« Er klatschte in die Hände und rief: »Ich werde auch schnaufen.« »Schnauf nur, Bübli.« »Ich laß Dampf raus wie eine Lokomotive.« »Mach, was du willst, Mílachen.« Ich besorgte zwei Fahrkarten nach Puszta Magyarad in Richtung Füzes-Gyarmat, der Endstation inmitten einer unermeßlichen Puszta. Während der Fahrt fragte mich das schlaue Kind fortwährend: »Wann kommen wir endlich an? Wann bist du mich endlich los, Onkelchen?«

Schließlich war es soweit. Von der Station Puszta Magyarad marschierten wir mehr als anderthalb Tage lang durch die Puszta, und dort, mitten drin, sagte ich dem kleinen Míla, er solle hier auf mich warten. »Warum soll ich warten, Onkelchen?« »Weil du so ein kluges Köpfchen bist.« Und ich lief so schnell ich konnte davon. Hinter mir hörte ich seine unschuldige Stimme fragen: »Warum läufst du weg, Onkelchen?« und nach einer Weile: »Warum, Onkelchen, beißen mich die Ameisen? ...«

Und das ist mein Geständnis.

Fliegen wir!

Vor kurzem konnte man ein seltsames Verhalten der Akziseinnehmer beobachten. Sie standen traurig Schlange und starrten dabei verzweifelt, die Köpfe zum Himmel gehoben, ins Leere. Und wer oder was war der Grund ihrer Melancholie? Farman – der Erfinder des Flugzeugs. Wie ein Blitz ging durch alle Zeitungen die Meldung, ein genialer Franzose sei auf einem Militärübungsplatz bei Paris mit seinem Flugzeug gestartet, 1×300 Meter geflogen und dann wieder zum Ausgangspunkt zurückgekehrt. Begreifen Sie nun die Verzweiflung der Männer von der Lebensmittelsteuer? Denn was wird jetzt mit den Steuern? Ich bitte Sie – rufen Sie vielleicht in eine Höhe von tausend Metern die Frage: »Haben Sie etwas zu versteuern?«

Ähnlich wie den Akziseinnehmern erging es auch den Polizisten. Da sich Polizisten der Melancholie aber nie hingeben dürfen, blickten sie nur voller Wut zum Himmel hinauf. Sie waren nicht imstande gewesen, einen Mörder im Neubau in der Heinrichstraße ausfindig zu machen, und jetzt sollten sie ihn künftig irgendwo, weiß Gott, vielleicht sogar in der Luft aufsammeln? »Dann häng ich mich auf!« bemerkte ein Detektiv. Mit »dann« hatte er gemeint, wenn auch der Mensch Flügel bekommt.

In den Zeitungen werden Inserate wie das folgende erscheinen: ›Große Bank sucht Kassierer. Der Antragsteller, der beweisen kann, daß er unter Schwindel leidet, wird bevorzugt.‹ Völlig logisch. Wer an Schwindel leidet, kann nicht fliegen. Ansonsten wird peinlich darauf geachtet, daß Kassierer sich in ihrer Freizeit nicht mit der Luftfahrt beschäftigen. Jeder Kassierer wird schwören müssen, daß er sich für die Angebote der Luftfahrt nicht interessieren, ein Flugzeug nie kaufen und sich nur auf dem Erdboden oder aber in einem Boot auf einem Teich der Mühle in Kunratice bewegen würde.

Läßt ein Kassierer nur das kleinste Zeichen einer Begeisterung für Flugzeuge erkennen, wird er augenblicklich aus dem

Dienst entlassen und wegen versuchter Unterschlagung verhaftet.
Wenn die Menschen fliegen werden, führen die Zeitungen eine neue Rubrik unter der Schlagzeile ›Sie sind weggeflogen‹ ein. Vielleicht wird man zu diesem Zweck sogar eine spezielle Zeitschrift ins Leben rufen, die sich ausschließlich mit diesem Thema befassen wird. Dort stünde dann z. B.:

›Gestern hat den hiesigen Parteivorsitzenden ein großes Unglück ereilt. Als er von einer Versammlung zurückkam, stellte er fest, daß sein Patentflugzeug verschwunden war, und mit ihm auch seine junge Gemahlin, die er vor vierzehn Tagen geheiratet hatte. Außerdem wurde festgestellt, daß sein junger Hausmeister ebenfalls flüchtig war. Der betrogene Ehemann trank danach aus Kummer zwanzig Gläser Bier schnell hintereinander weg und wurde in der ›Schwarzen Brauerei‹ wegen Beleidigung der Gäste von der Polizei festgenommen. Es wurde uns weiterhin mitgeteilt, daß die Flüchtigen mit dem Fernrohr in 2×500 Meter Höhe über Strašnice gesehen wurden. Demzufolge glaubt man, daß sie auf dem kürzesten Weg nach Ostindien fliegen.‹

Wenn die Menschen fliegen werden, kann es auch keine bösen Schwiegermütter mehr geben. Sie werden liebevolle und stille Frauen sein. Das Flugzeug wird dazu beitragen, daß sie ihren Mund halten. Schon ein einziger böser Blick, der ihrem Schwiegersohn gilt, und frrrrrr – der würde davonfliegen. Und suchen Sie ihn dann mal irgendwo auf Tahiti oder in Madagaskar. Aber noch etwas anderes wird auf uns zukommen: die Liebenden werden einander nicht ›Schwöre, daß du mich ewig lieben wirst!‹ zuflüstern, sondern ›Schwöre, daß du nie, niemals davonfliegst!‹
Diese neue Zeit wird aber auch Unangenehmes mit sich bringen. Sie würden beispielsweise unter freiem Himmel zu Mittag essen, und auf einmal fiele Ihnen, wie aus heiterem Himmel, ein Neger in die Suppe.
Auch die Kandidaten des Parlaments müssen sich auf schwere Zeiten gefaßt machen. Einer hegt z. B. die Absicht, zu kandidieren, und hält eine Rede vor einer öffentlichen Versammlung. Plötzlich steht ein Bursche vor ihm, schnappt ihn beim Kragen,

und bevor dieser vermeintliche Kandidat zu sich käme, säße er schon im Flugzeug und landete kurze Zeit später bereits in Polynesien. Und wenn er schließlich von dieser kleinen Spazierfahrt wieder nach Hause gebracht würde, wären die Wahlen schon längst gelaufen. In den Zeitungen steht dann zu lesen: ›Er ist mit dem Gegenkandidaten weggeflogen.‹
In der schönen Literatur wird es eine Tendenzwende geben. ›Geschrieben in 6×300 Meter Höhe‹ und ähnliches. Die Dichter werden leidenschaftliche Gedichte verfassen:

500 Meter Höhe. Er drückt ihre süße Hand.
600 Meter Höhe. Er seufzt – ach.
Bei 2000 Meter. Sein Blick entflammt.
2000 Meter Höhe. Er jauchzt vor Wollust.
Bei 3000 Meter. Er seufzt wieder – ach.
500 Meter höher – endlich:
›Ich liebe dich!‹

Außerdem werden Romane mit dem Titel ›Schwerer als die Luft‹ erscheinen. Klar doch – Farmans Flugzeug beruht ja auf diesem Prinzip.
Einer meiner Nachbarn, ein Schreinermeister, der im gegenüberliegenden Haus wohnt, besuchte mich, als er durch die Zeitung von Farmans Flugversuchen erfahren hatte. »Er hat meine Gedanken geraubt!« rief er empört. »Dieser elende Schuft! Schwerer als die Luft! Das ist doch meine Idee! Seit zehn Jahren arbeite ich tagtäglich an einem Flugzeug. Mein Flugzeug kann keine zehn Leute in die Luft bringen. Noch nicht!«
Der Mann hatte nicht gelogen. Er war einer der bescheidenen Erfinder, die sich leidenschaftlich und lebenslang mit einer einzigen Idee befassen. Seine fixe Idee war fortan: Farman habe ihm seine Gedanken gestohlen.
Mein Nachbar nahm die Idee mit den Flugzeugen sehr ernst. Irgendwo hatte er mal den Satz gelesen: ›Die Taube ist ein dummes Tier und fliegt; ich bezahle Steuern, warum sollte *ich* nicht fliegen?‹ Danach unternahm er mehrere Versuche mit einem Regenschirm. Etwa eine Woche lang sprang er zu Hause vom Tisch auf den Boden. Seine Frau zog unterdessen zu ihren Eltern zurück. Er konstruierte zwei Flügel. Eines Abends ging er nach Letná, setzte die Flügel an, und die Abenddämmerung hüllte seine Toten in ein undurchsichtiges Geheimnis. Zwei Stunden

später wurde er jedoch von der Polizeiwache gefunden. Er lag am Boden und winselte vor Schmerzen. Es stellte sich heraus, daß er sich zwei Rippen und einen Fuß gebrochen sowie eine Hand verstaucht hatte.

Drei Monate lag er im Krankenhaus und tätigte dort seine neueste Erfindung. Eines Tages ließ er sie zum Invalidenhaus nach Karlín bringen. Obwohl der neue Apparat in der Tat schwerer als die Luft war, rührte er sich nicht vom Fleck. Unser Erfinder begrub seine Hoffnungen. Der Apparat wurde wieder nach Hause befördert, und er selbst besuchte die nächste Kneipe. Dort begann er von der Luftfahrt zu erzählen, aber keiner verstand, wovon er eigentlich redete. An einem Tisch spielten Männer unbekümmert Karten, und der unglückselige Erfinder bemühte sich, ihnen das Prinzip ›schwerer als die Luft‹ zu erklären. Nach einer Weile riefen die Männer einen Burschen herbei. Dieser hörte sich die Erläuterungen des Erfinders kurz an; dann packte er ihn am Kragen und warf ihn kurzerhand aus der Kneipe hinaus. Als er die Schenke wieder allein betrat, fragten ihn die Kartenspieler: »Na, wie war's?«

»Er war schwerer als die Luft«, erwiderte der Bursche trübsinnig.

Sehen Sie? So werden wissenschaftliche Erkenntnisse im Volk verbreitet. Dieser Vorfall ist aber auch ein Beweis dafür, wie sehr die Menschheit ihre Erfinder verkennt.

»Man hat mich deswegen sogar geschlagen«, klagte derselbe Erfinder einmal, »und wie sehr, das können Sie sich gar nicht vorstellen. Einmal habe ich auf dem Lande erzählt, daß Menschen eines Tages fliegen werden. Die Leute haben mir widersprochen. Da sagte ich ihnen, sie seien Dummköpfe, blödes Vieh und Idioten.«

Bis heute lebt der Erfinder im Glauben, die Leute hätten ihn nur deswegen geschlagen, weil sie der Idee des Fliegens gegenüber und der Vorstellung – eines Tages das Nikolausfest z. B. in 2000 Meter Höhe zu feiern – voreingenommen waren.

»Wo verbringen Sie Ihre Ferien?« »In der Luft.«

»Wo haben Sie, gnädige Frau, Ihren Gatten kennengelernt?« »In der Luft.«

»Und Ihre Flitterwochen? Wo haben Sie die verbracht?« »In der Luft.«

So wird es aussehen.
Bis jetzt war es Farman lediglich gelungen, drei Meter über dem Erdboden zu fliegen. Und einige Herren riefen schon belustigt: ›Der reißt keine Schornsteine mit!‹ Doch auch dahin wird es eines Tages noch kommen, prophezeie ich. Eines Tages werden Schornsteine vor Flugzeugen nicht mehr sicher sein. Und auf den Aussichtstürmen werden Ihnen, natürlich nur aus Spaß, die Hüte vom Kopf gerissen. Jaja, mit Flugzeugen wird es noch sehr viel Vergnügen geben.
Eines schönen Tages werden Sie über den Wenzelsplatz gehen, hinaufschauen und bemerken, wie ein fliegender Mensch unsicher hin und her fliegt. Und es wird auch solche Männer geben, die vormittags für ein Glas Schwarzbier nach Bayern und anschließend für ein Viertel Wein nach Italien oder nach Griechenland fliegen wollen.
Was werden die lieben Frauchen dieser fliegenden Männer dazu sagen? Aus lauter Angst, daß ihre Ehegatten endgültig wegfliegen könnten, werden sie darüber kein einziges Wort verlieren. Wird das schön sein! Nur schade drum, daß es wohl noch lange dauern wird, bis man auf eine andere Art als bisher – nämlich aus Wirtschaften, Ämtern und Ministerien – fliegen wird!

Einige Anmerkungen zu politischen Reden

Für manchen Politiker sind die eigenen Reden ein Stein des Anstoßes. Beispielsweise bereitet einer seine Rede vor, indem er sorgfältig ein Bündel von Zettelchen ordnet, auf denen die Hauptargumente, die er in seiner Rede ausführen will, übersichtlich notiert wurden, und da passiert es, daß eines dieser Zettelchen herunterfällt und in zittrigen Bögen weit weg vom Rednerpult zwischen den versammelten Zuhörern davonschwebt.
Und mit ihm schweben die Gedanken des Politikers davon. Angenommen, daß er ausgerechnet auf diesem Zettelchen seine besten Ideen über die Änderung der politischen Verhältnisse notiert hatte. Und diese Ideen liegen nun fünf Meter vom Rednerpult entfernt. Der Zusammenhang ist weg, und obwohl der Redner mitansehen muß, wie der wichtigste Impuls seiner Rede davonflattert, kann er nicht rufen: »Wer den Zettel findet, möchte ihn bitte bei mir abgeben, damit ich in meiner Rede fortfahren kann.«
Er stockt, nach einer Weile setzt er seine Rede fort, aber weil nur sehr wenige Redner fähig sind, ex abrupto zu reden, folgt, zumindest teilweise, eine Blamage, die mit Stottern und systematischen Wiederholungen ihren Anfang nimmt.
Nur wenige Redner können sich aus einer solchen Situation hinausmanövrieren, indem sie die Versammlung auflösen, was das Beste wäre, um einer öffentlichen Blamage zu entgehen.
Sollten Sie jemals in eine solche Lage geraten, wo Ihnen der Zusammenhang zwischen den Sätzen entflieht, dann empfiehlt es sich, die Zuhörer gegen die öffentliche Ruhe und Ordnung aufzuhetzen, dermaßen rabiat zu protestieren, daß der Regierungsvertreter im Saal bald am Ende seiner Geduld ist und die Versammlung von sich aus auflöst.
Statt Blamage ernten Sie dann Applaus, und wenn Sie sich bei den Zuhörern noch beliebter machen wollen, lassen Sie sich aus dem Versammlungssaal von der Polizei mit Gewalt hinaustragen.

Schlimmer wäre jedoch, wenn Ihnen gar nichts in dieser Richtung einfallen sollte. Schon hätten Sie auf der Zunge, was Sie sagen wollen, der Regierungsvertreter wähnt mit Vergnügen etwas Unerlaubtes, aber Ihre Gedanken geraten in heillose Unordnung. Sie reden nur Unsinn und kommen auf nichts Scharfes. Sie bekommen es mit der Angst zu tun, reden von Gott und der Welt und bemerken, wie sich in den Reihen Unruhe verbreitet, und Sie hören Rufe: »Genug!«
Sie verstummen, und obwohl Sie bis dahin eigentlich so gut wie nichts gesagt haben, verbeugen Sie sich vor dem Publikum und rufen pathetisch aus: »Das war's, was ich Ihnen sagen wollte, meine Freunde!«
Einmal beobachtete ich einen Redner, dem das erwähnte Malheur passiert war: ein Teil seiner Rede landete vor meinen Füßen, und als ich das Zettelchen vom Boden aufhob, las ich: ›Das Gesetz vom Jahre 1883. Aufoktroyierung der Verfassung. In dieser Sache keinen Aufschub dulden. Unser berechtigter Anspruch. Vom Ausgleich mit Ungarn sprechen. Alte Wäsche. Der Hurrikan braust heran.‹
Die Kernidee hatte das rednerische Pult verlassen, und der Redner wurde leichenblaß. Ich begriff seine desolate Lage, keiner konnte sie besser erfassen. Nie werde ich den Ausdruck seiner Augen vergessen, als er zu stottern begann. In ihnen lag Furcht und Entsetzen, und soviel wie ›Geben Sie mir den letzten Schlag!‹, und hätte ich einen Revolver dabei gehabt, hätte ich ihm damals diesen Freundschaftsdienst erwiesen.
Viele politische Redner würden diese Lösung sicher akzeptieren; wenn auch nur diejenigen, denen es auch schon einmal gelungen ist, in ihrer Rede auf so wunderbare Weise zu stokken. Es liegt etwas Entsetzliches in einer derart plötzlichen politisch-rhetorischen dementia!
Einem Bekannten widerfuhr ähnliches. In einer Juristenversammlung erörterte er sein Verhältnis zu Hradschin, also wie er zur königlichen Burg stehe, auf einmal stockte er, riß die Augen weit auf und verstummte. Dann kniff er die Augen zusammen, schwieg schrecklich lange und setzte nach dieser peinlichen Pause seine Rede mit dem Wort »aber« fort.
Er erklärte den Vorfall später so, daß er sich im Redefluß plötzlich an das Wort »aber« nicht mehr habe erinnern können. Der furchtbare Kampf um die Vergegenwärtigung dieses Wortes,

das er unbedingt brauchte, führte nicht nur dazu, daß dieses Wort seinem Gedächtnis entfiel, er hatte auch alles andere vergessen. In diesem peinlichen Augenblick hegte er den Wunsch: ›Jetzt schön zu Hause auf dem Kanapee sitzen, rauchen und Kaffee trinken‹.

Und die Zuhörer, die gespannt warteten, was dem Redner Großartiges in der Pause eingefallen war, sie bekamen schließlich das herrliche Wort »aber« zu hören.

Es ist ein Wort, das Redner gewöhnlich in der rhetorischen Figur der Inversion gebrauchen. Ich hörte dieses Wörtchen schon tausendmal. Einmal im Zusammenhang mit: »Sie denken, wir geben auf, aber wir geben nach.« Der Redner war bemüht, sich möglichst treffend auszudrücken.

Und was sagen Sie zu diesem Satz: »Aber doch, gerade aber deswegen, weil aber natürlich die Regierung überhaupt aber...« Da konnte sich der Regierungsvertreter nicht länger beherrschen und löste die Versammlung auf. Manche Polizeikommissare sind in dieser Hinsicht übernervös.

Ich erinnere mich an einen ausgezeichneten Redner, der mit dem Regierungsvertreter sein Spiel trieb. Er sagte: »Und jetzt bleibt uns nur noch zu konstatieren, daß wir alles zerrr...« Hier verstummte er, während das Publikum vor Freude trampelte und applaudierte. Der Regierungsvertreter erhob sich bereits, um einzuschreiten, als der Redner fortfuhr: »...daß wir alles vernünftig abwägen sollten.«

Von besonderem Interesse sind die stenographischen Protokolle der Reden, die im Parlament vorgetragen werden. Ich erwähne nur ein paar Beispiele, die zeigen, wie ein Mensch in seiner Rede vom Hundertsten ins Tausendste kommt und doch nur das sagt, was ihm gerade einfällt:

»Hochwürdiges Parlament! Ad hoc erkläre ich, was die Einfuhr des holländischen Viehs nach Österreich betrifft, daß ich lange unter holländischem Vieh gelebt habe und daher gestehen muß usw.« oder »...es ist mir gar nicht gleichgültig, ob der Ministerpräsident sich auf den Kopf stellt oder nicht, dadurch gewinnt er sicherlich nicht an Ansehen.«

Ein tschechischer Abgeordneter rief einmal in seiner Rede: »...und daher sollten sich die Deutschen an unser tschechisches Sprichwort erinnern: ›Wer andern eine Grube gräbt, der wird sich selbst ein Ohr abreißen!‹«

Einmal wurde im Parlament über die Schiffbarmachung der Weichsel geredet. Es ging also um die Wasserwege, und ein tschechischer Abgeordneter rief aufgeregt: »Und wir verlangen, daß unsere Regierung für die Schiffbarmachung der Weichsel von Prag nach Budweis sorgt!«
Daß der Regierung grundsätzlich alles erlaubt wird, verrät das folgende Zitat eines Redners der Opposition: »Obwohl ich prinzipiell gegen die Bewilligung dieser Steuer bin, muß ich erklären, daß ich gegen diesen Vorschlag der Regierung nichts einzuwenden habe, und zwar aus folgenden Gründen...«

Im Havlíček-Park

I

Der Maler Josef Pavlousek, ein ›Kolorist‹, wie die Firmentafel über seiner Tür verkündete, im Grunde aber ein gewöhnlicher Anstreicher und Tapezierer, der die meiste Zeit in der Woche nach Kleister roch, machte Toilette. Es war der Nachmittag an Christi Himmelfahrt, und Josef Pavlousek erwartete Gäste.
Seine grobschlächtige Ehefrau Marie schüttete das Spülwasser ins Klosett, was sie nur feiertags tat. An einem gewöhnlichen Wochentag goß sie es ins Waschbecken auf dem Flur und stritt sich deswegen mit ihrem Nachbarn, einem Pensionär, der aber an Feiertagen den ganzen Tag außer Haus war.
Die Schwägerin des Herrn Pavlousek, das dreißigjährige Fräulein Brejchová, hing ihre weißen Handschuhe an einer Schnur über dem Ofen zum Trocknen auf. Ihr bleiches Gesicht drückte eine unsagbare Sentimentalität aus, und sie sang halblaut mit einer widerwärtigen Stimme vor sich hin:

»Hänschen besuch mich,
lieb hab ich nur dich...«

Pavlousek, der sich gerade rasierte, legte die Rasierklinge neben Kamm und Kleiderbürste auf den Küchentisch und rief lachend: »Auf den wirste nich' vergeblich warten, dein Hänschen, mußt nich' so quietschen. Und im übrigen sag ich dir...«
Aber er hatte vergessen, was er sagen wollte, und lachte weiter: »Auf dein Hänschen wirste nich' vergeblich warten!«
Seine Frau kam mit dem Eimer zurück und kleidete sich mit einer Geschmacklosigkeit, die bestimmte Bevölkerungsschichten auszeichnet.
›Farben müssen schreien‹, lautete das Prinzip des Anstreichers, und die Farben auf den Kleidern seiner Frau schrien nicht nur, sie brüllten geradezu.
Die Schwester von Frau Pavlousková bevorzugte die blaue Farbe, und für ihr blaues Kleid brachte sie einige Opfer. Wegen

dieses Kleides handelte sie sich sogar einmal ein paar Ohrfeigen ein. Denn Frau Pavlousková bestand darauf, daß ihre Schwester ebenfalls ein schreiend rotes Kleid mit einer gelben Schleife tragen sollte.

Und so kam es auch jetzt wieder zu Streitigkeiten, als die Brejchová ihr blaues Kleid anziehen wollte.

»Schon wieder ziehste dich an wie 'ne lächerliche Vogelscheuche!« ereiferte sich die Pavlousková, während ihr Mann die gelbe Schleife an ihren roten Rock heftete.

»Un du machs' 'nen Narren aus dir«, keifte die Schwester zurück, »wenn dich ein Puter sieht, kriegt er gleich 'nen Koller.«

»Hau dem Großmaul gleich eins in die Fresse«, forderte die Pavlousková ihren Mann auf.

»Mir scheint, ich muß euch beide durchprügeln, wenn ihr mit der Streiterei nich' gleich aufhört«, schritt der Zimmermaler ein, »ihr Schandmäuler, die ganze Woche habt ihr Zeit genug, euch zu prügeln, und just heute, an einem Feiertag, geht ihr wie von der Leine losgelassen aufeinander los. Ihr versaut mein ganzes Leben«, schrie er plötzlich und spuckte wütend auf den Holzboden, »ich schufte für euch, geh' mit euch aus, heut' will ich euch den Havlíček-Park zeigen, und ihr gebt keine Ruh', ihr seid zwei Drachen!«

»Du schuftest für uns, daß ich nicht lache!« grinste die Pavlousková, »manchmal kommste nich' vor morgens früh von deiner Schufterei bei ›U Fleku‹ [»Beim Fleck«, Prager Kneipe] zurück. Mara, hörst du, er sagt, daß er für uns schuftet!«

Die Brejchová schwieg jedoch, nickte nur und ging ans Fenster, um aus einem Krug Wasser zu trinken.

Herr Pavlousek suchte seine Pfeife, zündete sie an und murmelte vor sich hin: »Drachen sin's!«

Die Brejchová legte eine Tischdecke auf und nahm ihren Sonnenschirm aus dem Schrank heraus.

»Zu faul biste, meinen gleich mit 'rauszuholen«, beschwerte sich die Pavlousková, »nur nix tun, aber umsonst futtern!«

»Geh' ich nich' nähen? Bring' ich kein Geld nach Hause?«

»Ja, ja, das bringst, seit 'nem halben Jahr. Aber was war, als du 'n halbes Jahr krank warst, was war da? Wer hat dir zu essen gegeben, und der Doktor, und die Medizin, das alles kostet auch Geld, oder?«

»Wenn ihr euch weiter streiten wollt, geh' ich nich' mit euch in den Havlíček-Park!« Der Mann versuchte das Geschrei der Frauen zu übertönen.

Da klopfte jemand an die Türe, die Gäste traten ein.

Herr Hans Bousek, ein Mann von vierzig Jahren, mit einer ansprechenden Glatze, rundlich wie ein Fäßchen, hatte im Leben schon viele Schläge überstanden. Er hatte ein Geschäft gehabt, Bankrott gemacht und war wegen Betrugs verhaftet worden; nach seiner Freilassung hatte er ein Informationsbüro eingerichtet und war wegen eines Fälschungsdeliktes erneut verurteilt worden. Zuletzt hatte er irgendwo als Kellner gearbeitet, und jetzt war er zum Geschäftsreisenden avanciert. Er war sehr redegewandt und besaß für seinen Geschmack viel Humor, kannte erstaunlich viele abgedroschene Witze und konnte großartige Schweinereien erzählen, so daß er sich bei seinen Bekannten großer Beliebtheit erfreute.

Zu allem Überfluß war er das Hänschen von Fräulein Brejchová, die errötete, während er ihr die Hand drückte und ihr so laut zuflüsterte, daß alle es hören konnten, sie sehe wie eine junge Ehefrau aus.

Und alle lachten – der Fleischer Kareš und seine junge Ehefrau Faninka, bei denen Herr Bousek zur Untermiete wohnte, Leute, die diese ungebildete Gesellschaft mit ihren vulgären Witzen ausgezeichnet ergänzten.

Die Weiber küßten sich und lachten wie die Dienstmädchen beim Tanzfest oder beim Bierholen.

»Soso Kinderchen«, sagte Herr Bousek und setzte sich auf den Tisch. Die Weiber zogen ihn herunter, und während alle jauchzten und lachten, lag Herr Bousek auf dem Boden und hatte die Tischdecke gleich mitgenommen.

»Ich sehe aus wie ein Gespenst«, lachte Herr Bousek und hüllte seinen fetten Wanst in das Tuch, herzhaft grunzend.

»Warten Sie mit dem Grunzen, bis wir zu den Grotten im Park kommen«, bemerkte Frau Karešová.

»Nein«, erwiderte Herr Bousek ernst, »dort werde ich zum Tiger!«

»Und wie machen Sie 'nen Tiger?« fragte Fräulein Brejchová.

»So.« Er brüllte so laut los, daß alle sich die Ohren zuhielten und heftig lachen mußten. Was für ein unterhaltsamer Mensch dieser Herr Bousek doch war.

»Für Ihre Darbietung müssen wir Geld sammeln«, meinte Herr Pavlousek und trocknete seine Lachtränen.
»Für den armen Tiger«, scherzte Herr Bousek und kam langsam vom Boden hoch. »Allmählich wird's aber Zeit, Herrschaften, in den neuen Riegerchen-Park zu gehen.«
»Neuen Riegerchen-Park!« amüsierte sich Frau Pavlousková, »wie kommen Sie nur auf solche Einfälle?«
»Frau Malermeisterin, das is' halt 'ne Gabe Gottes, die ich nie verkaufen würde.« Herr Bousek beklopfte seinen hohen Magen.
»Dem einen gibt der Liebe Gott Geld, der andre is' arm geboren und dazu noch blind...«
»Und wie sind Sie geboren?« erkundigte sich Frau Karešová.
»Mit Haaren«, erwiderte Herr Bousek und zeigte vielsagend auf seine Glatze.
»Also gehen wir, Herrschaften, gehen wir in den Havlíček-Park!« forderte der Anstreicher alle auf.
»Ab! Los geht's! Wenn der Fürst Windischgrätz und der Millionär Gräbe dort waren, dürfen wir auch nich' fehlen«, meinte der Fleischer.
»Du muß' immer deinen Senf dazugeben«, rief seine Frau und patschte ihm ins Gesicht.
»Also los, Herrschaften«, sagte Herr Bousek, »ich hab' alles. Hier 's Geld, da die Streichhölzer, dort den Schlüssel und hier den Bauch.«
»Nein, ich kann nicht mehr vor Lachen«, wieherte Fräulein Brejchová draußen auf dem Flur.
Und in heiterer Stimmung stieg die Gesellschaft die Treppe hinab.
»Is' das aber hoch«, schrie Herr Bousek zurückblickend, »von dort möcht' ich nich' 'runterfliegen.«
»Küß die Hand«, grüßte er auf dem Bürgersteig eine Dame.
»Kennen Sie die?«
»Nein«, lachte Herr Bousek und wiederholte seinen ›Witz‹ am anderen Ende der Straße gleich noch einmal.
»Ohne Sie hätten wir wirklich keinen Spaß«, wandte sich Fräulein Brejchová schmeichelnd an ihn.
»Das kann ich mir denken«, erwiderte Herr Bousek selbstsicher und sprach einen Jungen an, der mit einem Ball spielte:

»Hör mal, is' das, womit du da spielst, 'n Männchen oder 'n Weibchen?«

II

Auf der königlichen Weinberge [ein Stadtteil Prags] breitet sich der bewunderungswürdige Havlíček-Park aus, ehemals im Besitz des deutschen Millionärs Gräbe, der das Geld, das er aus dem tschechischen Volk herauspreßte, in sein phantastisches Vorhaben steckte: auf dem Hang über dem Nusle-Tal den entzückendsten Park von ganz Prag anzulegen. Hunderttausende steckte er hinein, und später pachteten die Fürsten Windischgrätz Gräbes Villa mit dem entzückenden Park. Schließlich kaufte der Stadtrat von Vinohrady das Ganze den Erben des Gründers ab und stellte es der Allgemeinheit zur Verfügung, so daß jedermann die teure Luft atmen und an einem Ort verweilen konnte, der den Menschen aus dem Stadtlärm in die pure Natur entführte, wo er sich an Blumenduft, Nadel- und Laubbäumen ergötzen konnte (was für ein bedeutungsloses Wort – sich ergötzen). Wie eine Seelenmassage sollte der Park auf den einzelnen wirken: die grünen Bäume und Wiesen, kurz alles, was das Herz eines Naturliebhabers anspricht, der die Bäume nicht nur nach der Qualität des Holzes und die Wiesen nicht nur als Heufuder zu schätzen weiß.
Die Besucher hören den Gesang der Vögel und schauen sich die Felsen, Grotten, Wasserfälle und Teiche an, die künstlich sind, aber von der Art, daß sie bis in die kleinsten Einzelheiten die Kapricen der Natur nachäffen.
Am Eingang stand eine Gruppe von Buben, die ohne Begleitung von Erwachsenen den Park nicht betreten durften; diese Maßnahme verdankte man der unverhofften Einsicht, daß unsere vielversprechende Jugend verroht sei.
»Junger Herr, nehmen Sie mich mit!« – »Junger Herr, nehmen Sie mich mit!« – »Nicht den Franz, aber mich, junger Herr!«

Was für ein Betteln und Geschrei, nur damit die Jugend den Eingang passieren kann, den ein strenger Wächter hütet.
»Den Kerlen mach' ich 'ne Freude«, sagte Herr Bousek. Unsere Gesellschaft war inzwischen angekommen und wartete inmit-

ten einer riesigen Menschenmenge, denn der Eintritt am Sonntag kostete nur 20 Heller. »Die Buben nehmen wir mit, die soll'n hier nur ordentlich was kaputtschlagen, wenn man sie freiwillig nich' reinläßt.«
»Junger Herr, nehmen Sie mich mit!« – »Junger Herr, mich nehmen Sie mit rein!«
»Kommt Jungs«, forderte Herr Bousek sie auf, und drei Buben, die ihm am nächsten standen, folgten artig.
»Die gehören zu Ihnen?« vergewisserte sich der Wächter am Eingang.
»Freilich«, antwortete Herr Bousek stolz unter dem allgemeinen Gelächter der ganzen Gesellschaft.
Sie betraten den Park. »Jungs«, sagte der Geschäftsreisende, »macht ihnen just hier was kaputt. Und jetzt marsch, haut ab.«
Die Jungen liefen davon, nicht ohne sich ängstlich umzusehen, ob der Wächter es bemerkt hatte, daß sie wieder ohne Begleitung waren. Sie waren wie Geächtete.
»Sagt für alle Fälle, ihr hättet euren Papa verloren!« rief der Anstreicher hinter ihnen her.
»So viele Leute sind hier«, meinte Herr Kareš. Sie kamen zu einer Tafel, auf der die Öffnungszeiten des Parkes angeschlagen waren.
»Im Mo-nat Mai«, buchstabierte die Karešová, »von sechs Uhr mor-gens bis neun Uhr a-bends.«
»Also bleiben wir bis neun«, sagte Herr Pavlousek.
»Gucken Sie mal«, bemerkte er spitz, »ganz noble Bänke ham' die hier, so nach hinten gebogen.«
»Bald stellen sie hier auch Betten auf«, vermutete Herr Kareš.
»Wenn dich ein Floh in den Rücken sticht, kann'ste dich nich' mal richtig an der Lehne kratzen«, witzelte Herr Bousek möglichst laut, damit auch diejenigen, die nicht zu seiner Gesellschaft gehörten, die Größe seines Geistes bewundern konnten. Hinter ihnen lachte jemand wie auf Bestellung los, ein Handelsgehilfe, der das Haar in die Stirn gekämmt trug.
»Auch im neuen Riegerchen?« rief ihm Bousek zu, »Leutchen, is' das schön hier! Hier sind mehr Leute als in unserer Kirche beim Hochamt. Unsre Oma müßte sehen, wie schön es hier is'. Und so viele Bänke! Kommt, setzen wir uns!«
»Das is' nich' umsonst, dafür muß man extra zahlen, und das

Geld wird für die Bekleidung der Schuljugend ausgegeben«, meinte der Anstreicher und hoffte, damit einen Anstoß zu weiteren Witzeleien gegeben zu haben.
»Kommen Sie, wir kriegen also ein Paar Schuhe und eine Hose umsonst«, grölte der Geschäftsreisende.
»Dort hat der Fürst mit der Fürstin gewohnt«, bemerkte Fräulein Brejchová.
»Sooo? Der Herr Fürst mit der Frau Fürstin?« Bousek tat so, als wunderte er sich sehr, »und das alles hat den beiden gehört? Die haben ja wie im Paradies gelebt. Herrlich is' es hier.«
Sie kamen zu einer Terrasse und blickten zu den Weinbergen hinüber.
»Hier könnte man nuckeln«, flüsterte der Fleischer dem Anstreicher zu, »feine Sache, die Herrn ham' es sicher auch nich' sein lassen.«
»Solchen schmeckt doch nix mehr«, kommentierte Herr Bousek, der gute Ohren hatte, »hier werden wir ein paar Weintrauben abstauben«, fügte er laut hinzu.
»Aber den Hradschin kann man von hier aus nich' sehen«, klagte Frau Pavlousková und blickte ins Tal.
»Der Hradschin is' doch auf der andern Seite, du dumme Gans«, sagte ihr Mann, »guckt mal 'runter – is' das nich' 'n Prachtgarten?«
»Ich wundere mich sehr, daß man das nicht parzelliert, für 'n paar Häuser«, bemerkte der Fleischer, »das würde sich bestimmt lohnen, wo ich doch weiß, daß sie in den Park jede Menge Geld reinstopfen.«
»Guckt mal«, schrie Faninka und zeigte auf eine Stelle im Nusle-Tal, »dort ham' wir voriges Jahr Radieschen gekauft, 'ne ganze Fuhre, irre billig.«
»Hier is' nix los«, meinte Herr Bousek, »die Bäume stehn zu dicht, los, gehen wir in die Grotten.«
»Ich hab Angst«, sagte Fräulein Brejchová, »dort is' es so dunkel.«
»Und im Keller ham' Sie keine Angst?« lachte Herr Bousek herausfordernd.

Sie stiegen bergab, um auf den Weg zu den Grotten zu kommen. Eine Weile blieben sie auf der Treppe stehen, die an

einem Zaun entlang führte, hinter dem früher Rehe gehalten wurden.
»Und was für ein Prachtholz!« rief der Fleischer und zeigte auf einen kleinen Wald vor ihnen.
»Hier sieht's aus wie im letzten Kaff«, lachte Herr Bousek. Sie setzten ihren Weg fort und kürzten ihn über den Rasen, der bereits von zahlreichen Besuchern zertrampelt war, ab.
»Sind Sie blind, oder was?« platzte der Wächter, ein Mann mit einem grünen Streifen am Ärmel, wütend heraus.
»Dem Kerl hau ich eine in die Ffff...«, grölte der Fleischer.
»Ach, laß ihn –Sklaven«, beschwichtigte Pavlousek, »der verblödet doch total in seinem Dienst.«
»Als ob das dem bißchen Rasen was ausmachen würde!« ereiferte sich Faninka.
»Das sind Spucknäpfe«, witzelte Bousek unter Hinweis auf die in diesem Park beispielhaft angelegten Wasserspiele.
»Der Gräbe muß ein Idiot gewesen sein«, bemerkte Frau Pavlousková, »allein die Grotten und die Steine müssen ihn ein Vermögen gekostet haben.«
Die Gesellschaft kam zu einem Bassin inmitten künstlicher Steingärten. Mit ihren Stöcken und Regenschirmen beklopften sie die Wasser speienden Schildkröten. Plötzlich brachen die Weiber in ein unbändiges Lachen aus, flüsterten einander etwas zu und zeigten auf eine Statue in der Mitte des Bassins.
»Mich wundert's bloß, daß sich der Kerl dort nich' erkältet«, scherzte Bousek, »die ganze Zeit nackig im Wasser stehen...«
»Und die Frösche hinter ihm grinsen dazu!« wandte sich der Fleischer an Fräulein Brejchová.
»Los, Herrschaften, klettern wir rauf!« rief Bousek.
Sie stiegen auf einer Wendeltreppe bis zum höchsten Plateau hinauf, und unterdessen rief Bousek immer wieder: »Kneifen Sie mich nicht, aber was machen Sie denn da?!«
»Den Hradschin sieht man von hier aus auch nicht«, bemerkte Faninka, als sie alle schnaufend oben angelangt waren.
»Ja, und jetzt los! In die Höhlen!«
Auf einer Steintreppe zwischen den Felsen stieg die Gesellschaft wieder bergab, und Herr Bousek jammerte: »Is' das 'n Mist! Mein Bauch!«
Als sie die Grotten erreichten, hatten die Weiber Angst, hin-

einzugehen; sie ließen sich jedoch überreden und amüsierten sich über Herrn Bousek, der schon auf einer Marmorbank saß und seinen Namen einritzte.
»Schreiben Sie unsere Namen auch auf!« forderte Fräulein Brejchová ihn lächelnd auf und schlug mit ihrem Sonnenschirm einen Tropfstein ab. Der Fleischer war eifrig bemüht, ihr zu erklären, daß das Meer die Tropfsteine hier hergebracht hätte.
»Und hier hat der Meister ein Loch offen gelassen.« Bousek zeigte auf einen Felsspalt. Ein anderer Spalt führte in die Tiefe und war mit einem Drahtzaun versperrt.
»Dahinter hat der Herr Fürst seine Kaninchen gezüchtet«, meinte Bousek im vollen Ernst.
»Ach, traurig is' es hier, gehen wir lieber weg!« rief Fräulein Brejchová. Alle verließen die Grotten außer Herrn Bousek, der noch ein wenig verweilte, und als er sich zu den anderen gesellte, sagte er:
»Ham' Sie das komische Wasserbecken gesehen?«
Er flüsterte dem Fleischer etwas zu, der daraufhin vieldeutig lachend meinte: »Sie sind ein Schelm!«

In der nächsten Grotte, die sie betraten, erregte eine Frauenstatue ihr Erstaunen, die oberhalb eines kleinen Bassins stand. Bousek steckte ihr seinen Zigarrenstummel zwischen die Lippen, knurrte und machte den Tiger nach. »Auch hier gab's Wasser, als alles noch dem Gräbe gehört hat«, berichtete der Fleischer und zeigte auf das Bassin.
Pavlousek schlug ein Stück Putz ab.
In ausgelassener Stimmung gelangte die Gesellschaft zu den Teichen. Bousek rief wie aus heiterem Himmel: »Heil!«
Alle lachten sie grundlos los.
»S' is' völlig verrückt«, staunte Frau Karešová, »hier immer wieder Wasser reinzugießen und Blätter reinzulegen.«
»Das is' ne Wasserzwiebel«, behauptete Bousek und zeigte auf eine Seerose.
»Hier hat sich der Gräbe immer die Füße gewaschen«, ergänzte Pavlousek, riß ein paar Farnkrautblätter ab und warf sie ins Wasser.
Wieder stiegen sie bergab und stapften absichtlich über den Rasen, um den Wächter zu ärgern. So gelangten sie auf den

Hauptweg, der in den unteren Teil des Parks – zu den Obstgärten – führte.
»Wir gehen nich' hin«, sagte Bousek, »dort is' erst recht nix los, nur lauter Birnen- und Apfelbäume.«
»Vielleicht gib's dort Erdbeeren«, hoffte die Pavlousková.
»Die sin' noch nich' reif«, entgegnete der Fleischer.
»Und meine Kehle ist schon ganz trocken«, meinte Pavlousek ungeduldig, »Menschenskind, du läufs' hier rum wegen nix und wieder nix, los, gehen wir Bier trinken.«
»Wie wär's mit ›Kovárna‹ [dt. »Zur Schmiede«, eine Gastwirtschaft] in Vršovice [ein Stadtteil von Prag]?« schlug der Fleischer vor, »die Weiber können 'n bißl rumhüpfen, is' ja Feiertag heut'.«
Als sie am Parkausgang waren, zeigte Bousek auf die zahlreich hineinströmenden Besucher und sagte: »Was die nur alle hier wollen? Hier gibt's doch nix zu sehen. Wenn sie hier wenigstens das Smíchov-Bier hätten...«

Ordnungsgemäß verließ die Gesellschaft den Havlíček-Park, in dem die Vögel zwitscherten, die Bäume dufteten und die Damen ihre Schleppen hinter sich her zogen, um damit den Staub des Weges aufzuwirbeln.

Mein Abenteuer mit einem nackten Jungen

Es war am späten Abend. In der Moldau badete niemand mehr. Ich zog mich am Ufer in Modřany [ein Stadtteil Prags, früher ein Vorort] an und wollte gerade zur Haltestelle des Dampfers ›Brauerei Braník‹ aufbrechen, als ich hinter einem Weidenbusch das herzzerreißende Weinen und Klagen eines Kindes hörte: »Jungfrau Maria, Jesus, Maria und Joseph, heiliges Schutzengelchen!«

Ich stürmte ins Gebüsch und fand dort ein achtjähriges Bürschchen, das nackt und hilflos auf den Kieselsteinen saß. Als er mich erblickte, sprang er auf, umklammerte meine Beine und schrie: »Um Gottes willen, ich bitte Sie, ich komme aus Vršovice!«

Nach langem Bemühen gelang es mir, ihm sein fürchterliches Geheimnis zu entlocken. Das Abenteuer, das ihm an diesem Tag widerfahren war und mich seiner Tragik wegen zutiefst erschütterte, ist von der Art, daß es auch die abgebrühtesten Menschen und Zyniker ergreifen muß.

Zunächst wußte der Bub nicht einmal seinen Nachnamen. Er wußte nur, daß er aus Vršovice kam, Tonda hieß und acht Jahre alt war.

Morgens hatten ihn seine Eltern losgeschickt, Semmeln zu holen. Draußen auf der Straße war er seinen Kameraden begegnet, die ihn gelockt hatten, mit nach Braník zum Baden zu gehen. Der kleine Tonda hatte sich nicht lange überreden lassen. Seiner Pflicht bewußt, hatte er zunächst die Semmeln gekauft, diese in die Hosentasche gestopft und war dann mit der ganzen Clique losgezogen.

Mittags hatten sie die Semmeln aufgegessen. Seine Kleider hatte Tonda im Weidengebüsch versteckt und sich mit den anderen im Wasser ausgetobt. Abends, als Tonda noch länger im Wasser geblieben war, waren seine Kameraden bereits heimgegangen, und nun konnte er seine Kleider nicht mehr finden. Er war also aus Vršovice, nackt, ohne Semmeln, ohne Zuhause in Modřany und ohne die geringste Ahnung, wie er nach Hause kommen sollte.

»Jungfrau Maria«, jammerte der arme Tonda, »Jesusmaria, ich hab keine Kleider und bin aus Vršovice, Christus im Himmel.« Er umklammerte meine Beine, weinte herzzerreißend und schrie: »Ich komm mit Ihnen!«
»Aber nicht so, Kleiner«, wandte ich ein, »zuerst mußt du dich anziehen, wenn du nackt mit mir auf die Straße gehen wolltest, würde man uns beide verhaften.«
Der Junge brüllte: »Ich bin doch nicht nackt! Ich hab meine Kleider im Busch gelassen.«
»Und wo hast du sie jetzt, Kleiner?«
»Die Jungs haben sie ins Wasser geworfen und haben gesagt, ich soll andre im Busch suchen, weil hier viele Jungs sind, die sich auch ausgezogen haben, aber ich kann jetzt keine Kleider finden.«
Und der Junge brüllte weiter: »Ich geh mit Ihnen, ich bin aus Vršovice und hab keine Kleider.«
In mir hatte der Edelmut gesiegt.
»Gut, Kleiner, du kommst jetzt mit mir«, sagte ich freundlich, »wir fahren mit dem Dampfer.«
Augenblicklich hörte der Bub zu brüllen auf. Wir gingen auf dem Deich – ich bekleidet und neben mir der nackte Junge. Es war ein erhebender Anblick.
Zum allererstenmal erregten wir Aufsehen an der Haltestelle des Dampfers ›Brauerei Braník‹. Die dort versammelte Gesellschaft lachte hämisch, und ein Herr drehte sich zu mir mit der Frage: »Ist das Ihr Junge?«
Wozu sollte ich ihnen erzählen, wessen Junge er eigentlich war?
»Das versteht sich von selbst, daß er mein Junge ist. Nicht wahr, Tonda?«
»Ja«, antwortete Tonda kurz. Also warteten wir weiter.
Eine Frau wandte sich vorwurfsvoll an mich: »Aber er hat doch nichts an!«
Ich antwortete: »Das sehe ich auch.«
Verächtlich drehten sich die Leute um, doch die Frau konnte es nicht lassen und stichelte weiter: »Sie sorgen schön für Ihr Kind; daß Sie sich nicht schämen, ihn so herumlaufen zu lassen, wie der Herrgott ihn geschaffen hat.«
»Gnädige Frau«, sagte ich, »wenn Sie in der Lage dieses Bubs wären, würde ich mit Ihnen sicherlich nicht auf dem Deich ge-

hen, weil ich weiß, was sich gehört, aber dieses unschuldige Kind, das so schön kindlich, hier vor Ihnen, in seiner Nase bohrt, kränkt doch keinen Menschen, der etwas für einen nackten kindlichen Körper übrig hat.«

Zwei Herren spuckten aus. Der Dampfer legte an. Ich drängte mich mit dem nackten Jungen an Bord. Der Kapitän sah uns an und rief: »Was wollen Sie hier mit dem nackten Jungen?«

»Für ihn und für mich eine Fahrkarte nach Prag.«

»Nackte Menschen befördern wir nicht«, sagte der Kapitän, »lassen Sie den Jungen am Ufer zurück.«

»Sie brutaler Kerl!« rief ich, »ich soll ein nacktes Kind in der Dunkelheit am Moldau-Ufer alleine lassen? Sie...«

Den letzten Satz konnte ich nicht zu Ende sprechen; zwei Schiffsjungen führten mich zusammen mit dem nackten Jungen von Bord, der Dampfer fuhr los. Auf dem einsamen Steg blieben wir allein in der Abenddämmerung zurück.

Der Junge weinte.

»Heul nicht«, sagte ich, »oder ich werf dich ins Wasser. Wir müssen zu Fuß nach Prag.«

Wir gingen nach Braník.

»Ich hab Hunger!« jammerte Tonda.

Mir blieb nichts anderes übrig, als mit dem Bub ins Restaurant der Brauerei zu gehen.

»Setz dich hier neben mich.« Unter allgemeinem Aufsehen setzten wir uns an einen Tisch, wo bereits einige Damen thronten.

Der Kellner kam.

»Bringen Sie uns bitte ein Glas Bier und zwei Würstel.«

»Verzeihen Sie«, stammelte der Kellner, »aber hier muß jeder, der etwas trinken will, bekleidet sein.«

»Auch dieses unschuldige Kind?« fragte ich und stellte den Knaben auf den Tisch direkt vor die Damen, »sehen Sie sich die lebendige Unschuld an!«

Wir standen wieder draußen auf der Straße. Ich überlegte, was ich nun mit dem nackten Jungen anfangen sollte. Er jammerte: »Ich hab Hunger! Ich bin aus Vršovice!«

Wir setzten unseren Marsch in Richtung Prag fort. Ich war durch das pausenlose Wehklagen des nackten Jungen mittlerweile völlig verzweifelt.

Wir bogen beim nächstliegenden Pfarrhaus ein. Ich klingelte

an der Tür, und als die Köchin sie aufsperrte, drückte ich den nackten Tonda ins Vorzimmer des Pfarrhauses und lief davon.
Am nächsten Tag las ich in der Zeitung, daß jener Pfarrer just am vorigen Abend einen Schlaganfall erlitten hatte.

Der Ausflug der Genossen aus Vršovice nach Záběhlice

Endlich passierte etwas! Ich freute mich riesig, daß wieder einmal eine erfrischende Brise und ein starker Wille die Langeweile in Böhmen wegfegten, daß das Leben wieder pulsierte und aufregend geworden war. Auch ein Historiker müßte angesichts der aufregenden Neuigkeiten zu dem Schluß kommen, daß in Böhmen zu Sommeranfang des Jahres 1910 keine Totenstille herrschte:

›Die Genossen aus Vršovice [ein Stadtteil Prags] machten einen großen Ausflug nach Záběhlice [eine kleine Gemeinde in der Nähe von Prag]. Sie wurden von einer Musikkapelle begleitet...‹

Diese Nachricht wird den Kulturhistoriker ganz besonders erfreuen. Der Ausflug endete mit einer Rauferei, obwohl die Genossen aus Vršovice dies, Gott behüte, nicht beabsichtigt hatten. Sie rauften sich zwar seit ewigen Zeiten, doch der diesjährige Kampf in Záběhlice artete in einen wahren Brudermord aus. Die Gemeinde von Záběhlice wurde zum Schlachtfeld, die geschlagenen Reihen der Genossen aus Vršovice mußten fliehen, und wie ein Orkan stürmten die Genossen aus Záběhlice, die in den aufwirbelnden Straßenstaub brüllten: »Macht sie fertig!«, hinterher.

Auf diese Weise rächte sich das Schicksal an den Genossen aus Vršovice, deren Vorfahren vor einigen hundert Jahren die Familie Slavník aus Záběhlice ausgerottet hatten. Das Schicksal rächte sich aber auch für die zahlreichen Niederlagen, die die Genossen aus Záběhlice bei ihren Ausflügen nach Vršovice hatten einstecken müssen. Es rächte sich für die zahllosen Prellungen, Schwellungen, Püffe, Teilbrüche, Brüche, angerissenen Ohren und für die angeschwollenen Gesichter der Genossen aus Záběhlice. Und nicht zuletzt rächte sich das Schicksal für die gekränkte Ehre der Genossen aus Záběhlice.

In der Woche vor dem Ausflug wurden alle Genossen aus Vršovice aufgefordert, sich zahlreich an der Veranstaltung zu beteiligen. Der Ausflug finde statt, so hieß es in einem Flugblatt, damit jeder Teilnehmer sich geistig und körperlich erfrische, erhole, unterhalte und über die bezaubernden Augenblicke freundschaftlicher Begegnung auch im nachhinein nur Freude empfände. Das Programm sah folgenden Ablauf vor:

1. Begrüßung der Genossen aus Záběhlice am Ortseingang
2. Marsch ins Gartenrestaurant
3. Tanz, Gesang, Soloauftritte

Zwei Tage vor dem geplanten Ausflug erschien ganz unerwartet der Vorsitzende der kameradschaftlichen Organisation aus Záběhlice in Vršovice und legte ohne Umschweife los: »Also, paßt auf, Genossen. Seid ja nett zu uns. Ich rate euch, kommt diesmal nicht mit der üblichen Schmähung, wir seien ›alte Schnarcher‹. Gut, ihr seid Städter, aber wir können schließlich nichts dafür, daß wir in einem Dorf leben. Vršovice war übrigens früher, bevor es sich zur Stadt gemausert hat, kein bißchen größer als Záběhlice.«
Der Pfeil hatte ins Schwarze getroffen! Man kannte die Genossen aus Vršovice schlecht. Nichts ging über ihre Stadt, keiner durfte ihr Übles nachreden, wehe dem, der Vršovice mit Záběhlice verglich!
In den Worten des Vorsitzenden aus Záběhlice glaubten die Genossen aus Vršovice die wahren Absichten erkannt zu haben. Man wollte ihnen offensichtlich zu verstehen geben, daß sich die Bürger aus Záběhlice für gleichwertig mit denen aus Vršovice hielten.
Derartige Beleidigungen durfte sich aber ein Genosse aus Vršovice nicht gefallen lassen. Záběhlice neben Vršovice, das ist ja wie der Botič [ein kleiner Fluß] neben dem Niagara!
Dem Vorsitzenden der Genossen aus Záběhlice wurde die Tür gewiesen. Geschmäht und entehrt kehrte er nach Záběhlice zurück und fühlte sich wie vor Jahren, als er, noch ein kleiner Bub, bei einer Rauferei mit den Jungen aus Vršovice gefangengenommen worden war. Sie hatten ihm die Hose heruntergezogen und ihn mit Brennesseln durchgepeitscht. Derartiges läßt sich nicht so leicht vergessen; auch Marx leistet hier nichts zur Versöhnung.
Die Nachricht von der Schmähung ihres Vorsitzenden breitete sich mit Windeseile in ganz Záběhlice aus. Allerlei nützliches

Zeug wie Ochsenziemer und Schlagstöcke wurden im Versammlungsraum der Genossen aus Záběhlice zusammengetragen, der sich in kürzester Zeit in ein Waffenarsenal verwandelte. Mit großer Freude erwarteten die Genossen den Sonntag.
Aber sollten die Genossen aus Vršovice sich nicht gleichfalls freuen? Auch sie rüsteten nach Kräften auf. Ein Aufruf wurde verteilt, in dem die Genossen aus Vršovice aufgefordert wurden, ihre Stöcke mitzunehmen. Sofort eilten einige von ihnen ins Invalidenhaus nach Libeň [ein Stadtteil Prags]; und für die nützliche Übung, einem ledernen Hampelmann kräftig in die Schnauze zu hauen, waren sie bereit, einen Haufen Geld hinzulegen.
In einem zweiten Aufruf wurden die Genossen aus Vršovice aufgefordert, ihre Ehefrauen und sämtliche Kinder mitzunehmen, damit die Reihen der Kämpfer vollzählig seien, wenn es denn in Záběhlice so weit kommen sollte.
Am Vorabend des Ausflugs wurde der Genosse Polívka als Kundschafter nach Záběhlice entsandt. Mit der üblichen Dreistigkeit betrat Polívka den Versammlungsraum in Záběhlice und kam sofort auf den morgigen Ausflug zu sprechen. Polívka war den Genossen aus Záběhlice von jeher gut bekannt. Um so erstaunter war er nun, wie freundlich sie ihn diesmal aufnahmen. Sie spendierten ihm sogar das Bier und beteuerten, wie sehr sie sich auf den morgigen Tag freuten.
Am selben Abend kehrte Polívka nach Vršovice zurück und erzählte im Versammlungssaal seiner Organisation haarklein, was er in Záběhlice erfahren hatte.
Durch die Reihen der Genossen aus Vršovice ging eine Welle der Erschlaffung. Sie hielten Polívka bereits für geopfert; ein triftiger Grund für die Rache des folgenden Tages.
»Und Polívka ist sogar von ihnen bewirtet worden!«
»Genosse Polívka«, erklärte der Vorsitzende aus Vršovice mißbilligend, »du hast die Bewirtung angenommen?« »Ja«, gab Polívka treuherzig zu. »Nehmen wir Abstand von unserem Genossen Polívka, Genossen«, fuhr der Vorsitzende im gleichen Ton fort, »denn er wurde geschändet!«
Ja, so weit geht die Feindschaft der Genossen aus Vršovice gegenüber denen aus Záběhlice.

Sie verzeihen mir, daß ich Ihnen den Anfang dieses denkwürdigen Ausflugs nicht näher schildern werde; der Ausflug selbst und der Verlauf der Unterhaltung zwischen den Genossen waren nämlich bedeutend interessanter.

Rote Nelken, vorneweg die Musikkapelle, die Straße auf beiden Seiten von Pappeln gesäumt, über der Straße dichte Staubwolken, die mit roten Schleifen aufgeschürzten Röckchen der Kinder, die, von ihren Müttern an der Hand genommen, durch die Staubschwaden geschleift wurden – das war in etwa das äußere Gesamtbild. Zu den inneren Eindrücken zählten die zahllosen trockenen Kehlen und die intensiven Überlegungen vieler Ausflugsteilnehmer: »Werden wir uns schlagen oder nicht?«
Und schon passierten sie unter dem schmetternden Klang des Arbeiterliedes ›Rote Flaggen‹ den Ortseingang von Záběhlice, schon hießen die dort zahlreich versammelten Genossen aus Záběhlice ihre Gäste mit einem donnernden »Heil!« willkommen.
Sie grüßten mit »Heil!« zurück, und während die Kapelle das ›Arbeiterlied‹ schmetterte, schlossen sich die Reihen der Genossen aus Vršovice und Záběhlice zusammen. Der Vorsitzende aus Záběhlice sprach die offiziellen Begrüßungsworte:
»Im Namen unserer Organisation, der sozial-demokratischen Arbeiterschaft aus Záběhlice und Umgebung, heiße ich euch, Genossen aus Vršovice, in unserer Gemeinde herzlich willkommen und wünsche euch unterhaltsame Stunden.«
Die Jungen aus Záběhlice streckten den Gästen aus Vršovice die Zunge heraus, die Kapelle setzte mit einem Marsch ein, und unter den bösen Blicken der Greisinnen aus Záběhlice rückten die Gäste aus Vršovice ins Dorfinnere, zum Gartenrestaurant, das den poetischen Namen ›Insel der Rosen‹ trug, vor; zu diesem Paradies führte nur ein Weg – die Brücke, die über den Botič führte.
Die Unterhaltung war sofort in vollem Gange. Ein sozial-demokratischer Sänger zog mit seiner Ziehharmonika zwischen den Tischen des Gartenrestaurants herum und johlte:

»Hängt der Schuster an der Leine,
aus Erbsenstroh,

und die reißt,
da fällt er ab,
schon fressen ihn die Schweine...«

Inzwischen folgte der Ausschuß der Arbeiterorganisation aus Vršovice der Einladung des Vorsitzenden aus Záběhlice, den Versammlungsraum der freundschaftlich gesinnten Organisation zu besichtigen. Nichtsahnend betrat der Ausschuß aus Vršovice diesen Raum und wurde dort auf hinterhältige Weise überfallen. Was die Vorfahren aus Vršovice der Familie Slavník aus Záběhlice angetan hatten, drohte nun auch ihnen. Wie aus heiterem Himmel schlugen die Genossen aus Záběhlice mit Stöcken auf ihre Gäste ein und brüllten: »Jetzt zeigen wir's euch, ihr Saukerle!« Hals über Kopf stürzten die Ausschußmitglieder aus Vršovice wieder aus dem Versammlungssaal hinaus, und die Genossen aus Záběhlice stürmten hinterher.
In einem irrsinnigen Spurt näherten sich Gejagte wie Verfolger der ›Insel der Rosen‹. Doch inzwischen hatte auch im Gartenrestaurant ein erbitterter Kampf begonnen. Wie aus heiterem Himmel fiel hier eine Ohrfeige, da die zweite und dort die dritte: die Genossen lagen sich in den Haaren.
Für kurze Zeit verteidigte sich der mit perfider List überfallene Ausschuß aus Vršovice mit Steinwürfen und gab sein Bestes, um die Brücke freizubekommen. Schon aber stürmten die Genossen aus Záběhlice wie ein Gewitter, wie ein Orkan, wie ein Taifun heran. In dem schauderhaften Tumult fiel der Vorsitzende der Genossen aus Vršovice in den Botič und – wie einst König Ludwig bei Moháč – landete auch er in einem Sumpf.
Ratlos drängten sich die Genossen aus Vršovice in der ›Insel der Rosen‹ zusammen, wo die Schlägerei inzwischen ihren Höhepunkt erreicht hatte. Umgeworfene Tische, Schreie gedrosselter Kinder, Mütter, die bissen und kratzten, sausende Gläser, fliegende Stühle mit abgebrochenen Beinen, umgestürzte Bänke, klatschende Ohrfeigen, pfeifende Peitschen und Stöcke, Schreie, Gebrüll, wüste Schimpfereien bildeten das tolle Gemisch dieses schweren Befreiungskampfes.
Die Wellen des Kampfes brachen sich nicht an der Gartenmauer, sie brandeten über den umgestürzten Zaun hinaus, der von aufeinander knienden Kämpfern in Beschlag genommen wurde.

Von allen Seiten war zu hören: »Macht sie fertig! Macht sie fertig!« Ein Haufen jammernder Frauen und eine Horde rasender Männer ergriffen bereits die Flucht. Ein Mann schrie: »Genossen, ihr habt mir ein Bein gebrochen!«
Ein Genosse aus Vršovice, dem die Hälfte der Nase fehlte, rannte an dem Gartenrestaurant vorbei, während ein Genosse aus Záběhlice siegestrunken und genießerisch die andere Hälfte der feindlichen Nase in den Botič spuckte. Ein anderer Genosse hielt in der Hand irgendein menschliches Ohr, das er blitzschnell in seiner Hosentasche versenkte, weil er an ihm einen Ohrring entdeckt hatte.
Hoffnungslos und verzweifelt rasten die geschlagenen Reihen der Genossen aus Vršovice davon. Der erbarmungslose Sieger rief ihnen in kurzen Abständen sein entsetzliches »Macht sie fertig! – Macht sie fertig!« hinterher.
Während das Hauptheer der Genossen aus Vršovice, geschlagen und entehrt, den endgültigen Rückzug antrat, veranstalteten die Sieger in Záběhlice eine Jagd auf die Nachzügler.
Um zehn Uhr abends war die Säuberung beendet. Siegreich wehte eine rote Flagge, während der letzte geschlagene Genosse aus Vršovice heimlich durch die Felder nach Hause humpelte, bis ihn die erlösende Dunkelheit umhüllte...
Wissen Sie, was im Parteiorgan der Genossen aus Vršovice über diesen Ausflug am nächsten Tag berichtet wurde?
›Der reizende Ausflug nach Záběhlice war, trotz vereinzelter Mißverständnisse zwischen uns und den Gastgebern, ein voller Erfolg.‹
Nach zwei Wochen fand ich im Garten zur ›Insel der Rosen‹ in Záběhlice noch ganze achtzehn menschliche Zähne...

Zeitschriften für die Jugend

Meine Jugend war ziemlich trostlos, weil meine Pflegeeltern – sie waren durch und durch anständige Leute – für mich die Zeitschriften das ›Paradiesgärtlein‹ und den ›Tschechischen Jungmann‹ abonnierten.
Redakteur des ›Paradiesgärtleins‹ war Pater Pohůnek [Ochsenknecht]. Es ist auffallend, daß einige herausragende Persönlichkeiten der katholischen Kirche merkwürdige Namen tragen. Man denke nur an die Klerikalen Kaňourek [Kleckser], Kopal [Hauer] und Škrdle [Knauser]. Pater Pohůnek redigierte also das ›Paradiesgärtlein‹, eine Zeitschrift, deren Name bereits andeutet, was der Mensch zu erreichen vermag, wenn er sich von Jugend an durch edle Lektüre bildet.
Pater Pohůnek war in der fünften Volksschulklasse mein Religionslehrer. Als er wieder einmal Namenstag hatte, wurde ich zusammen mit einigen anderen Jungen, die sich wie ich durch eine scheinbar strenge Frömmigkeit auszeichneten, beauftragt, Pater Pohůnek die Geschenke zu überreichen, die ihm die Eltern der Schulkinder zum Namenstag machten. Ich brachte ihm eine große Flasche Doppelkorn, ein Geschenk von Pavels Vater, der Besitzer einer Spiritusbrennerei war und ein derartiges Geschenk für völlig angemessen hielt.
Ich überbrachte die riesige Flasche und betrat auf diese Weise zum erstenmal die Redaktion der Zeitschrift ›Paradiesgärtlein‹. Dort stellte ich die Flasche auf einen Tisch, neben Blätter, auf die vielversprechende Gedichtanfänge notiert waren. Die Reime standen bereits, nur die Lücken mußten noch ausgefüllt werden. Ich las:
›Lieber Gott – warum doch – das Gebet – nicht geht – mit den Engeln – klingeln – Abendgebet – vorbeigeht – erbarmen – mit den Armen.‹
Mein Klassenkamerad Hornof stellte die mitgebrachte Torte auf dieses Blatt, und nach einer Weile erschien der gute Pater Pohůnek. Er öffnete die Flasche Korn und gab jedem von uns ein kleines Gläschen zu kosten. Dann verzog er sich mit der

Flasche ins Nebenzimmer; wir vernahmen ein lautes Gluckern. Mit dem Glanz eines unverstandenen Heiligen auf dem Antlitz kam er wieder zurück und sprach zu uns mit sanfter Stimme: »Jaja, meine lieben Kinderchen, hier, in diesem Raum, wird das ›Paradiesgärtlein‹ geschaffen. Hier schweben die süßen Engelchen um mein Haupt, und hier, liebe Kinderchen, höre ich die himmlische Musik und schaffe dabei in heiliger Entzückung die schönsten Gedichtchen für euch. Die Verse strömen aus mir heraus wie eine geheimnisvolle und geheiligte Musik, ganz so, wie wenn eine Orgel in der Stille des Gotteshauses dröhnt.«

Erneut verschwand er nach nebenan, und wir vernahmen das bekannte Gluckern, das diesmal aber noch tiefer und satter klang; ein sicheres Zeichen dafür, daß die Flasche allmählich zur Neige ging. Er kam mit einem Messer in der Hand zurück, schnitt die mitgebrachte Torte an, gab jedem von uns ein Stück, und wir erhaschten mit einem zweiten Blick seine uns schon bekannte, in heiliger Entzückung entstandene großartige Schöpfung auf dem weißen Bogen:

›Lieber Gott – warum doch – das Gebet – nicht geht – mit den Engeln – klingeln – Abendgebet – vorbeigeht – erbarmen – mit den Armen.‹

Als er sich von uns verabschiedete, empfahl er uns, das ›Paradiesgärtlein‹ fleißig zu kaufen und zu lesen, denn für nur drei Schilling sei uns und unseren Eltern das Paradies sicher.

Wie ich mich damals bemühte, ins Paradies zu gelangen?

Durch eine emsige Lektüre dieser herrlichen Zeitschrift, so daß ich mich noch heute ihres Inhaltes genauestens erinnere.

Am tiefsten beeindruckte mich das Schicksal eines Jungen, von dem in mehreren Fortsetzungen erzählt wurde. Zunächst verlor der Bub ein Bein, dann seinen Vater, danach noch ein Bein, dann die Mutter, daraufhin die Schwester und noch ein Bein und zu guter Letzt auch den einzigen Bruder, nur weil er nicht gebetet hatte. Erst nach all diesen schweren Schicksalsschlägen besserte sich das kleine Hänschen. Ohne seine drei Beine betete er auf dem Friedhof, am Familiengrab kniend, weinte und klagte: »Was hab ich bloß getan, lieber Gott im Himmel! Was hab ich bloß getan!«

Eine andere Geschichte war ›Der böse Josi‹ überschrieben. An

einen Schurken größeren Kalibers kann ich mich nicht erinnern. Böse Jungen seines Alters nahmen vielleicht hier und da junge Vogelnester aus. Der böse Josi aber raubte ganze Hühnerställe leer und streckte dem Katecheten die Zunge heraus; auf diese Weise wurde aus diesem Dummkopf ein Holzfäller, der total verwahrloste. Er hauste in einer kleinen Waldhütte, ließ sich einen knielangen Bart wachsen, wusch sich nicht, schnitt sich auch nie die Nägel, und als einmal, in einer stürmischen Nacht, ein Mönch an die Tür seiner verfallenen Hütte klopfte und ihn um Unterkunft bat, jagte ihn der böse Josi in die stürmische Nacht hinaus. In derselben Nacht schlug die Hand Gottes zu. Als der Blitz die Hütte zertrümmerte, fluchte und lästerte der böse Josi gerade unbändig. Am nächsten Morgen wurde er völlig verschmort gefunden. – Verschmort, was für ein herrliches Wort! Das war doch einmal eine ordentliche Rache.
Ich erinnere mich auch an ein vielsagendes Gedichtchen, das in der klerikalen Zeitschrift ›Der Jungmann vom Lande‹ erschienen ist, wo ein rechtschaffener Mann einem Gauner ins Gewissen redete:

»Fluch nur so weiter,
du gottloses Rindvieh,
aber glaub mir, ich würde nur lachen,
wenn der Blitz – Gottes feuriger Bote –
mit dröhnendem Krachen
dich zerschmetterte.«

Viele Geschichten im ›Paradiesgärtlein‹ verfolgten den gleichen Zweck. Sie versuchten, dem Leser die Gültigkeit des Sprichworts ›Ehrlich währt am längsten‹ vor Augen zu führen. Dagegen läßt sich freilich nichts einwenden.
Gern erinnere ich mich an den Fall der armen Růženka, deren Ehrlichkeit uns drei Fortsetzungen lang in Atem hielt.
Es war der Heilige Abend. Růženkas Eltern waren bettelarm. Ihr ganzer Besitz bestand aus ihrer Tochter und einem einzigen Scheit Holz. Sie befahlen Růženka, die beim Transport von Kohle abfallenden Stücke aufzusammeln. Das Mädchen ging mit einem Körbchen los und weinte herzzerreißend, weil es wußte, daß es nun sündigen mußte. Die gefallenen Kohle-

stückchen gehörten nicht ihm, und sie aufzusammeln kam einem Diebstahl gleich. (Vom juristischen Standpunkt aus handelte es sich lediglich um eine Fundunterschlagung.) Růženka aber hatte noch nie gestohlen, und sie brüllte so laut, daß die Passanten auf der Straße stehenblieben, und unter ihnen befand sich auch ein gutgekleideter Herr. Im ›Paradiesgärtlein‹ stand wortwörtlich, sein Pelzmantel sei soviel wert wie ein ganzes Eckhaus. Und dieser Herr im luxuriösen Pelzmantel war – welch ein Zufall – Kohlengroßhändler. Er fragte Růženka, warum sie so brülle, und als sie ihm schluchzend gestand, sie solle Kohle aufsammeln, aber das sei ja Diebstahl und eine Sünde, eher würde sie erfrieren, als das zu tun, tröstete er sie mit folgenden Worten: ›Ja, liebes Kind, ehrlich währt am längsten!‹ Und er begleitete sie in die elterliche Wohnung, schenkte den Eltern hundert Schilling, spendierte ihnen eine komplette Kohlenladung, und Růženkas Vater machte er zum Pförtner seiner prächtigen Villa. Es versteht sich von selbst, daß er kinderlos war und Růženka adoptierte.
In der Jugendzeitschrift ›Der Jungmann vom Lande‹ las ich später eine ähnliche Geschichte. Das Mädchen hieß diesmal Helenka, und sie sollte im Wald Holz suchen. Sie weinte herzzerreißend. Da begegnete ihr ein Graf und machte ihren Vater zum Jäger. Helenka aber schickte er zur Schule. Heute ist Helenka Zofe bei der Frau Gräfin. Ob sie immer noch so ehrlich ist, weiß man natürlich nicht so genau.
Unvergeßlich blieb mir noch eine weitere Zeitschrift. Der ›Missionsanzeiger für Afrika und Umgebung‹, der Böhmen miteinbezog. In diesem Blatt war die Rede von heidnischen Babys, Chinesen, Negern und Indianern.
Fesselnd fand ich einen Artikel, der schilderte, mit welch ungeheuren Schwierigkeiten der Wunsch einer chinesischen Mutter, ihr Neugeborenes taufen zu lassen, verbunden war. Es kam zu einem wahren Aufstand. Das Heer zog los. Auf beiden Seiten gab es zahlreiche Tote und Verwundete, und mitten im Gemetzel gelang es einem Missionar, das neugeborene Kind zu taufen. Erst danach wurden Mutter und Kind die Köpfe abgeschlagen. Die Mutter wurde gepfählt, und dann stand dort: ›Fortsetzung folgt.‹
Doch auf eine Fortsetzung warteten wir vergeblich. Der Missionar, der diesen ›Missionsanzeiger für Afrika und Umge-

bung‹ herausgab, hatte von allen Schulen Geld fürs Abonnement kassiert und war kurz darauf spurlos verschwunden...
Später wurde uns die Zeitschrift ›Echo aus Afrika‹ empfohlen. Als ich meinen seligen Vater um Geld bat, schüttelte er den Kopf und sagte: »Mein lieber Junge, das ist doch nur eine Betrügerei!«
Dabei war mein Vater ein so frommer Christ.

Die Glocken des Herrn Hejhula

Schon möglich, daß Herr Hejhula auch einmal bei Ihnen gewesen ist, und Sie mußten ihm voller Bedauern mitteilen, daß Sie ihm die Ehre einer Bestellung aus purem Platzmangel nicht erweisen könnten. Herr Hejhula verkaufte nämlich Kirchenglocken. Auch möglich, daß er von manchen Menschen, die glaubten, Herr Hejhula hielte sie mit diesem Angebot zum Narren, noch mitleidsloser abgewimmelt wurde. Andere dagegen, die Mitarbeiter einer atheistisch orientierten Redaktion beispielsweise, bemühten sich, Herrn Hejhula die Kirchenglocken auszureden. Sie forderten ihn auf, Platz zu nehmen, und drückten ihm schließlich, nach einem langen Palaver, einen ganzen Stoß diverser Broschüren in die Hand mit dem Versprechen, er könne bei ihnen als Kolporteur arbeiten.
»Ich danke Ihnen, meine Herren«, wehrte sich Herr Hejhula, »ich war schon im Lager Ihrer Gegner beschäftigt, und es hat sich nicht im geringsten gelohnt.«
Was er ihnen da offenbarte, war die reinste Wahrheit. Bevor er sich nämlich auf Kirchenglocken spezialisiert hatte, war er Diener in einer anglikanischen Kirchengemeinschaft gewesen und hatte versucht, ihren Büchervorrat unterderhand zu verschleudern.
Erbittert klagte er später, daß keine einzige Seele in ganz Prag ihm das Neue Testament in mongolischer Sprache abkaufen wollte. Als ihm einmal der Gastwirt, dessen Ausschank er regelmäßig aufsuchte, für den Katechismus des anglikanischen Glaubens auf Japanisch kein Bier ausgeben wollte, überkam Herrn Hejhula die Erleuchtung, daß er es in den Diensten der Anglikaner nicht allzuweit bringen würde. Sein Versuch, dem Wirt bei nächster Gelegenheit ein Büchlein mit seltsamen Hieroglyphen aufzuschwätzen, das er ihm als ›Moralpredigt für Alleinstehende‹ anpries, blieb ebenfalls ohne Erfolg. Für Herrn Hejhula gab es nun Grund genug, der anglikanischen Kirchengesellschaft sofort den Rücken zu kehren.
Als er nicht mehr erschien, schickten die Anglikaner einen Pre-

diger zu ihm, einen traurigen Herrn im abgewetzten Havelock, der stundenlang an seinem Bett saß und über Erlösung, Pflicht und Moral palaverte. Herr Hejhula lag im Bett und schluchzte; es sei unwiderruflich, er würde in Sünde sterben und brauche dringend zehn Kronen. Schließlich einigte er sich mit dem anglikanischen Prediger auf 7 Kronen und 50 Heller.
»Über eine Stunde hab ich mit ihm gezankt«, erzählte Herr Hejhula später, »zuerst hat er mir 2 Kronen als Besserungsgeld angeboten. Dann löste er sich aber angesichts meines Schicksals beinahe in Tränen auf und hat vier Kronen dazugelegt. Danach wollte er mich verfluchen, und da bin ich *sofort* von 10 Kronen auf 15 hochgegangen. Am Ende sind wir bei 7 Kronen und 50 Heller geblieben. Aber wir badeten regelrecht in unserem Schweiß, so geschafft waren wir beide. Ich sah ihn nie wieder.«
Nach dieser Abrechnung mit den Anglikanern tauchte Herr Hejhula eines Tages, wie der Blitz aus heiterem Himmel, als Verkäufer von Kirchenglocken wieder auf. Sein Schwiegervater, der ein Glockengießer gewesen ist, war kurz zuvor gestorben und hatte ihm zwei Kirchenglocken vererbt. Herr Hejhula brachte die wertvolle Erbschaft bei einem befreundeten Kohlenhändler unter und begann, mit dem Glockenangebot zu hausieren.
Eines Tages klopfte er an der Tür eines namhaften Psychiaters. »Mit Verlaub möchte ich Ihnen, werter Herr, eine Kirchenglocke zum Kauf anbieten. Erstklassige Arbeit. Ich bin grad knapp bei Kasse, der Preis wird für Sie also nicht allzu hoch sein. Ich wäre dem werten Herrn sehr dankbar, wenn er zu mir käme und sich die Glocken selber anschauen würde, um sich davon zu überzeugen, daß sie Prachtstücke sind. Ich kann dem werten Herrn mit zweien dienlich sein. Die eine ist einen Meter hoch und dreiviertel Meter breit, die andere ist etwas kleiner, etwa 60 Zentimeter hoch und hat einen Durchmesser von 30 Zentimetern. Die letzte ist die sogenannte Sterbeglocke.«
Der Psychiater sah Herrn Hejhula prüfend an und bat ihn dann freundlich, Platz zu nehmen. Ein ganz neuer Krankheitsfall, dachte er. Ähnliches war ihm in seiner Arztpraxis bisher noch nicht vorgekommen. Er bot ihm eine Zigarre an und fragte: »Wo sind denn Ihre Glocken?«
»Bei einem Kohlenhändler in Karlín.« [ein Stadtteil Prags]

Kirchenglocken bei einem Kohlenhändler? Der Herr Professor überlegte eine Weile und diagnostizierte einen schweren Fall von Paranoia.
»So? Und hören Sie sie manchmal läuten?« forschte der Psychiater in einem vertrauenswürdigen Ton weiter nach.
»Das bitte nicht, werter Herr. Es ist nämlich so: sie liegen in einem Schuppen auf dem Boden im Kohlenstaub. Sollte der werte Herr noch jemanden kennen, der sich für Kirchenglokken interessiert, wäre ich ihm für die Vermittlung sehr dankbar.«
Herr Hejhula brachte seine Worte mit großem Nachdruck vor, so daß der Psychiater sich bestätigt fühlte: das ist ein typischer Fall von Verfolgungswahn.
»Hören Sie zu«, sagte er zu Herrn Hejhula, »warten Sie einen Moment. Ich rufe gleich einen Bekannten an, der Ihnen in dieser Sache behilflich sein könnte.«
Eine halbe Stunde später erschienen in der Arztpraxis zwei uniformierte Männer. »Kommen Sie mit uns, Herr«, wandten sie sich freundlich an Herrn Hejhula und faßten ihn von beiden Seiten unter die Arme, »Sie werden jetzt brav mit uns in ein Schloß fahren, und dort kaufen wir Ihnen die Glocken ab.«
»Es war mir sofort etwas verdächtig«, erinnerte sich Herr Hejhula später, »sie haben mich nämlich nicht in ihren Wagen gesetzt, sondern regelrecht geworfen. Alles ging aber so schnell vor sich, daß ich gar keine Zeit hatte, auch nur einen klaren Gedanken zu fassen. Einer der Uniformierten setzte sich hinten zu mir, sprach pausenlos von Kirchenglocken und fragte mich plötzlich: ›Warum sagen Sie nicht bim, bam, bim, bam? Ich bitte Sie.‹
Befremdet sah ich ihn an. Und er fuhr fort: ›Vor mir müssen Sie sich doch nicht fürchten, ich bitte Sie. Erleichtern Sie sich nur, es wird Ihnen nur guttun. Na sagen Sie schon bim, bam, bim, bam!‹ So flehte er mich während der Fahrt an, und ich dachte, um Gottes willen, der Mann muß wahnsinnig sein.
›Hören Sie auf mit dem Wahnsinn!‹ rief ich.
›Nur keine Krawalle!‹ brüllte er auf einmal los, ›sonst kommen Sie in die Isolation.‹ Es gibt gar keinen Zweifel, dachte ich, dieser Mann ist ein Geisteskranker. Der Herr Professor hat mich aber vorzüglichen Herrschaften weiterempfohlen.«
Das mit der Isolation war nicht gelogen. Als Herr Hejhula kurz

darauf, auf einen Krankenhauskorridor geführt, begriff, daß er im Irrenhaus gelandet war, schimpfte und lästerte er los. Er schrie, er werde es ihnen beweisen, daß er die beiden Glocken, eine größere und eine kleinere, die Sterbeglocke, besitze. Freundlich klopfte ihm der Stationsarzt auf die Schulter und sagte: »Wir glauben Ihnen, daß Sie Kirchenglocken besitzen. Aber wir können sie Ihnen nicht einfach so abkaufen. Sie müssen sich zuerst baden und umziehen. Ziehen Sie sich freiwillig aus, oder sollen Ihnen diese Herren da behilflich sein?« Er zeigte auf ein paar muskulöse Pfleger, die mit einem melancholischen Gesichtsausdruck an der Tür standen.

Da Herr Hejhula freiwillig nicht bereit war, stürzten sich die Pfleger mit Routine auf ihn, so daß er binnen weniger Minuten in der Badewanne saß und sich gutmütig waschen ließ. Dann trocknete man ihn ab, er bekam eine Leinenhose, einen Kittel und eine Mütze, die wie eine Mütze für Sträflinge aussah. Wieder wandte sich der Arzt in dem ruhigen und vertrauenswürdigen Ton an ihn: »Fühlen Sie sich jetzt wohler? Oder hören Sie immer noch die Glocken läuten?«

Mit einer Taschenlampe trat er an Herrn Hejhula heran und leuchtete ihm direkt in die Augen. Herr Hejhula war vieles gewöhnt, aber das war für ihn der Gipfel des Erträglichen. Er riß dem Arzt die Lampe aus der Hand und brüllte:

»Wollen Sie mir vielleicht auch in den Arsch gucken?«

So kam Herr Hejhula in die Isolation.

Nun war er allein und grölte:

»Mörder! Ich zeig's euch!« Bald aber rief er: »Macht doch keine Dummheiten, laßt mich raus!« und als nichts half, schlief er ein.

Am nächsten Morgen wurde ihm klar, daß jede Überstürzung ihm nur schaden konnte. Als er abgeholt wurde, war er die Seelenruhe in Person und wünschte den Pflegern mit einem freundlichen Lächeln »einen guten Morgen«.

»Es ist sicher ein Irrtum«, sagte er munter, »wenn ich eines Tages alles ›Bei der roten Sieben‹ [eine Kneipe in Prag] erzähle, lachen sich die Leut krumm.«

Dann wurde er der Ärztekommission vorgeführt. Auf Aufforderung eines älteren Arztes erzählte er ihnen, wie er wegen seiner Kirchenglocken in dieses Krankenhaus gekommen war. In seiner Diagnose stand:

›Deutliche Zeichen einer schweren Depression. Der Patient spricht unnatürlich hastig. Er möchte zwei Kirchenglocken verkaufen, die er angeblich bei einem Kohlenhändler in Karlín untergebracht hat. Die Behauptung, seine Glocken lägen im Kohlenstaub in einem Schuppen und seien mit einem Tuch zugedeckt, ist ein hinreichender Beweis für seine schwere geistige Umnachtung. Er lächelt pausenlos, redet von seinen Schwächen, Unzulänglichkeiten und von seiner Wertlosigkeit. Erhöhter Puls, auf der rechten Hand eine Prellung, die er sich im Kampf mit den Pflegern zugezogen hat. Vergrößerung der Pupillen. Vater und Mutter keine Geisteskrankheiten. Die einzige Schwester starb an Windpocken.‹
Herr Hejhula verbrachte in dieser Irrenanstalt eine ganze Woche. Er war stets gut gelaunt und bat den Arzt, ihm eine Bescheinigung auszuhändigen, des Inhaltes, daß die Irrenanstalt ihm die beiden Kirchenglocken abnähme.
»Aber sicher, wir kaufen sie«, beteuerte der Arzt.
»Dann stellen Sie mir bitte eine Bestellung aus«, drängte Herr Hejhula abermals mit einem freundlichen Lächeln.
»Nur keine Sorgen. Sie bekommen sie schon«, und der Arzt klopfte ihm beruhigend auf die Schulter.
Eines Tages erschien der Direktor des Irrenhauses zur Inspektion und traf Herrn Hejhula am Fenster sitzend an.
»Das ist der mit den Glocken«, flüsterte ihm der Arzt unauffällig zu. Herr Hejhula wandte sich auch an den Direktor mit seiner Bitte, die Verwaltung der Anstalt möchte ihm einen Bestellschein aushändigen, wenn sie von ihm die Kirchenglocken tatsächlich erwerben wolle.
Der Direktor war an diesem Tag gut gelaunt.
»Den Bestellschein bekommen Sie, seien Sie ganz beruhigt. Der Herr Doktor bringt ihn später«, erklärte er jovial.
Am darauffolgenden Tag überreichte der Arzt Herrn Hejhula den erwünschten Bestellschein für seine beiden Kirchenglokken. Die Anstalt bot ihm insgesamt dreitausend Kronen. Die Bescheinigung war ordnungsgemäß mit dem Stempel der Anstalt versehen.
Herr Hejhula steckte den Bestellschein in die Hosentasche und verlor danach kein einziges Wort mehr über seine Kirchenglokken.
Nach einem Monat durfte er die Irrenanstalt verlassen. Im Ent-

lassungsbericht hieß es: ›Am 13. September wurde der Patient völlig geheilt entlassen.‹
Ein Spediteur versetzte die Krankenhausverwaltung wenige Tage danach in ungeheures Staunen, als er auf dem Anstaltshof zwei Glocken, eine große und eine kleinere Glocke, von seinem Wagen ablud. Es gab sie also tatsächlich, die Paranoia des Herrn Hejhula war dahin; die Glocken aber waren vorschriftsmäßig geliefert worden.
Als geraume Zeit nach der Ablieferung keine Zahlung erfolgte, klagte Herr Hejhula den auf dreitausend Kronen festgelegten Betrag ein, denn er hielt den Bestellschein für ein gültiges Dokument. Doch eines Tages überraschten ihn zwei Verwaltungsbeamte der Irrenanstalt mit ihrem Besuch und brachten ihn ins Krankenhaus zurück. Die Diagnose lautete diesmal: Herr Hejhula leide unter der fixen Idee, von der Irrenanstalt eine hohe Geldsumme für seine Glocken fordern zu müssen.

Beim Friseur

Ein Einakter

Der Friseur Špachta vertiefte sich in seine Arbeit. Sein Opfer war gründlich eingeseift, und Herr Špachta begann mit gesammeltem Ernst den Kunden zu rasieren, wobei er mit ihm plauderte: »Endlich ist also auch der Türke an die Reihe gekommen. Dieses Mistvieh, der Türke, wollte sich nach Herzenslust ausbreiten, bis der Italiener schließlich sagte: ›Bis hierher und nicht weiter!‹, belieben Euer Gnaden den Kopf schön zurückzulehnen. Wir, alte Soldaten, Euer Gnaden, das ist nur ein Kratzer, Euer Gnaden, der Lehrling, dieser Faulpelz, hat vergessen, ein Härchen einzuseifen. So, Euer Gnaden, nun den Kopf wieder schön nach hinten. Wir, alte Soldaten, wir wissen, was es momentan heißt – Krieg! Der Italiener hat, Euer Gnaden, die besten Waffen, und der Türke wird auch nicht zurückstehen wollen. Wenn sich Serbien da nur nicht einmischt, Euer Gnaden. Auf dem Balkan brodelt es ja in diesen Tagen. Das war nichts, nur eine kleine Warze und die mußte mit der Rasierklinge abgeschnitten werden, sie wächst dann nicht mehr nach. Das wiederum lassen die Großmächte nicht zu, Euer Gnaden. Der Balkan ist heutzutage ein Pulverfaß, plötzlich kann es explodieren, aber nein, Euer Gnaden, das war nicht die Haut, das war nur ein ganz kleiner Mitesser, und es ist besser, ihn wegzuschneiden als ihn auszudrücken. Sehen Euer Gnaden, die Ungarn öffnen vielleicht ihre Grenzen und lassen das serbische Vieh in ihr Land laufen. Wenn die Serben ihr Vieh nur nicht an die türkische Armee verkaufen! Das dürfen sie nicht tun. Das beste wäre, die Türken einfach auszuhungern. Das aber läßt sich so leicht nicht machen, Euer Gnaden, denn die werden die Kamele hinter ihrer Armee hertreiben. Das ist meine Meinung. Belieben Euer Gnaden das Köpfchen ein bißchen zur Seite zu drehen? So, danke, Euer Gnaden, ja, auf den Türken muß man mit Verstand losgehen. Der Türke ist ein gerissener Bursche, Tripolis hat er schon aufgegeben, aber jetzt wird er ins Landesinnere vorrücken und mit den Arabern einen Kleinkrieg beginnen. Das wird eine große Schlacht, aber nicht doch, Euer

Gnaden, das war kein Schnitt, das war abermals ein Mitesser, und der muß weg. Es wird noch einen großen Krieg geben, Euer Gnaden – oder einen kleinen? Aber auch der wird viel Blut kosten. Belieben nichts zu fürchten, Euer Gnaden, die Lippe ist ganz in Ordnung, ich habe wahrscheinlich nur das kleine Hitzebläschen abrasiert, und das ist, glauben mir, ganz in Ordnung. Da haben Euer Gnaden sich in der Nacht erschreckt. Wie soll man heutzutage nicht erschrecken? Und wenn dieser Krieg in Europa ausbricht, da wird's erst recht viele Hitzebläschen geben. Und es wird ein entsetzliches Ende nehmen, Euer Gnaden, ein Bruder wird den anderen Bruder morden, aber Euer Gnaden, das ist nur meine Rasierklinge, ich bin ausgerutscht, das Blut stillen wir sofort. So, schon ist wieder alles in Ordnung; ja, wenn die Großmächte allein entscheiden könnten, ich weiß wirklich nicht, Euer Gnaden, was heute mit der Rasierklinge los ist, sie tut so, als würde sie jetzt gern auf die Türken losgehen, sie ist wie Quecksilber und scharf wie der Teufel. Glauben mir, Euer Gnaden, wenn ich keine Familie hätte, ich würde selber sofort gegen die Türken losziehen, nicht deshalb, weil der Türke ein Ungläubiger ist, darauf pfeifen wir ja heute – ein jeder glaube, was er will –, aber weil er ein Türke ist. Der Türke ist ein Saukerl, schauen Euer Gnaden sich nur die Türken in Prag an. Was für Hosen sie tragen. Da wird einem schon bange, und wenn einer dann statt dieses Kleinkrams, den er verkauft, ein langes und ein kürzeres Messer unter dem Gürtel trägt, und dazu eine Pistole und noch eine Pistole, und der begegnet Ihnen, und preßt all das in Sie hinein, aber, Euer Gnaden, nur ein Stückchen Haut ist verletzt worden, wir müssen das jetzt schon fertigrasieren. Nein, mit dem Türken ist nicht zu spaßen, jeder Türke ist wie ein Satan, aber der Italiener ist auch ein Wilder, also, Gott steh uns bei, wenn da was losgeht! Das wird eine Schlacht sein, Euer Gnaden, Jessusmaria, Euer Gnaden, gleich stillen wir das Blut, das war schon wieder ein Mitesser. Glauben mir, der muß weg! Nein, Euer Gnaden, anders ging es nicht, wir haben ihn schon weggeschnitten, und haben gehört, Euer Gnaden, daß der Türke dem Italiener bei Tripolis den Zugang zum Meer versperrt hat? Sie schicken die Baschibosuks hin, das ist eine tolle Bande, ja, das Köpfchen schön zurücklegen, Euer Gnaden, jetzt werden wir unterhalb der Nase rasieren. So, Euer Gnaden, auch die Italiener zögern nicht und schicken ein Regiment nach dem anderen. Aber die Araber, Euer Gnaden, die gehen mit den Türken zusammen, sie haben die gleiche Religion, und die fangen sofort mit Schlägereien und Stechereien an. Um Gottes willen, Euer Gnaden werden mir hier nicht in Ohnmacht fallen! Josef! Spritzen Sie dem Herrn ein bißchen Wasser ins Gesicht und wischen Sie ihm das Blut von der Nase – so, Euer Gnaden, alles wieder in Ordnung. Nein, das war nicht die Nasenspitze, das war wieder nur eine kleine Warze, Euer Gnaden belieben auf der Nase eine kleine Warze zu haben, vielleicht auch ein Muttermal, Euer Gnaden, und auch das muß weg. Es hat Ihr Gesicht nur verunstaltet, Euer Gnaden. So, daß ich's nicht vergesse, die Italiener werden mit den Türken große Mühe haben, wenn die Araber gegen die Italiener rebellieren. Der Araber, Euer Gnaden, ist meiner Meinung nach ein noch größeres Mistvieh als der Türke. Der schneidet gleich die Köpfe ab... Josef, bespritzen Sie bitte den Herrn, Euer Gnaden, das ist gar nichts, nur ein Stückchen Haut, und das ist doch alles nur Oberhaut. Wenn die Haut nicht nachgibt, dann taugt sie nicht viel. Also – weg damit! Euer Gnaden, ich werde, glauben mir, doch auf Tripolis losmarschieren, so, Euer Gnaden. Josef! Bringen Sie Wasser! So, Euer Gnaden, jetzt wasch ich schön ab und rasiere noch einmal drüber. Ja, das muß sein, Euer Gnaden, man muß immer zweimal rasieren, Josef, geben Sie mir eine neue Rasierklinge. Wissen, den Kopf schön zurücklehnen, Euer Gnaden, wissen, wer hätte gedacht, daß schon wieder Blut fließen wird? Nein, Euer Gnaden, ich bin nur in die alte Wunde geraten. Aber ich bin sehr vorsichtig, Euer Gnaden, für meine werten Kunden tue ich selbstverständlich alles. Wissen, Euer Gnaden, alles geht heute schief in der Welt. Wohin man schaut – überall nur Rebellion, und gleich fließt Blut. Um Gottes willen, Euer Gnaden... Josef! Bringen Sie ihn wieder zu sich. Die Nase ist unbeschädigt, Euer Gnaden, unterhalb der Nase, das war nur ein Stückchen Haut, gar nicht der Rede wert, die Soldaten in diesem Krieg hätten ihre reine Freude daran. Wenn sich nur der Türke nicht so blöd aufführen würde. Ich bin ganz durcheinander, Euer Gnaden! Josef, reichen Sie mir den Verband. Das geht schon vorüber, Euer Gnaden, eine Schnittwunde heilt schnell. So, Euer Gnaden, jetzt kleben wir ein Pflaster drauf, und nun belieben den Kopf schön zur Seite zu legen, damit wir auch da noch rasieren können. Wissen, Euer Gnaden, der Mensch ist blutgierig, da wird's wieder Waisenkinder und Gejammer und Tränen geben, wenn die Nachrichten vom Schlachtfeld kommen. Josef, packen Sie das Ohr ins Papier... So, alles wieder in Ordnung, Euer Gnaden, ich hatte schon Angst um Euer Gnaden, als Euer Gnaden so vom Stuhl gefallen sind wie ein Meteor, so, gleich ist wieder alles in Ordnung... Schon wieder fallen Meteore, höre ich? Euer Gnaden, ein neuer Komet soll auch zu sehen sein. Das bedeutet Krieg, Euer Gnaden, das ist ein ebenso uraltes wie untrügliches Zeichen. So, und jetzt, Euer Gnaden, rasieren wir den Hals sauber aus. Nein, Euer Gnaden, belieben bitte nicht zu schlucken; das muß sein. Krieg ist ja eine schreckliche Sache, besonders in einem so wilden Land wie Afrika. Dort, Euer Gnaden, ja, am Hals ist's gleich fertig. Wissen Euer Gnaden, daß dort die Wilden ihren Gefangenen den Kopf abschneiden? Sie fangen den Feind, nehmen ein langes Messer, setzen es ihm an den Hals, so etwa, nur belieben Euer Gnaden bitte, still zu halten, Euer Gnaden, gleich sind wir so weit, etwa so, Euer Gnaden, und zack, der Kopf ist ab. Josef, nehmen Sie bitte den Kopf und legen Sie ihn weg, irgendwo...«

Nach einer Weile: »Jessusmaria, Euer Gnaden, was haben Euer Gnaden mit mir nur angestellt?« Und Herr Špachta fiel in Ohnmacht.

Idylle im Armenhaus

Wenn Großmütterchen Pintová aus dem Armenhaus in Žižkov [ein Stadtteil von Prag] sich erinnert, bedauert sie vor allem, daß sie keine Zähne mehr hat, um mit ihnen zu knirschen. So richtet sie nur ihre Augen zum Himmel, spuckt aus, und ihre gebeugte, geschrumpfte Gestalt schlurft langsam in eine Ecke, wo sie aus der Tasche ihres grauen Rocks einen Rosenkranz hervorzieht. Und langsam, aber sicher betet sie für den Kaplan Toman, der Herrgott möge ihm den Verrat verzeihen, den er am Armenhaus in Žižkov begangen hat. Wenn die anderen Großmütterchen über diesen Fall reden, bemerkt Großmütterchen Pintová, in deren Augen ein kleiner Glanz zurückkehrt, ihr habe der Kaplan Toman schon damals, als er noch zu ihnen gekommen sei, nicht gefallen, wie rüpelhaft er sich benommen habe – gar nicht wie ein Diener Gottes, sondern wie ein gemeiner Kerl.

Die scharfe Sprache der Pintová gefällt nicht allen, und so kommt es häufig zu Streitigkeiten, die aber auch unterhaltsam sind, weil sich mit ihnen die Langeweile vertreiben läßt.

Vor kurzem sagte Großmütterchen Skuhrovská, eigentlich hätte die Pintová ihnen das ganze eingebrockt. Aber ich glaube, daß die Dinge sich von ganz allein entwickelt haben und nur die Umstände dazu beitrugen, daß es schließlich zur Katastrophe kam. Das war jedoch eine Katastrophe größeren Ausmaßes, die nicht ohne Folgen blieb. Das flache Fläschchen, das die Pintová in ihrem Koffer aufbewahrt, gehört auch dazu; dieses Fläschchen ist nun leer. Wenn man es aber öffnet und daran schnuppert, entgeht der süße Duft von Kümmelbranntwein keiner feinen Nase. Auf diese Weise verkündet das Fläschchen, daß es einst gefüllt war, und nur durch eine kuriose Verkettung der Umstände hatten der Kaplan Toman, das Armenhaus und der süße Kümmelbranntwein etwas miteinander zu tun.

Das vermeintliche Sterben der Pintová spielte dabei eine Rolle. Das aber liegt schon lange zurück. Jetzt schimpft die Pintová wieder munter über den Kaplan Toman und ist schon seit langem nicht mehr bettlägerig. Genaugenommen war aber nur das weiche Herz des Kaplan Toman an allem schuld. Vor einiger Zeit wurde er ins Armenhaus gerufen. Die Pintová lag todkrank im Bett und wollte die Sterbesakramente empfangen. Es war das allererste Mal, daß der junge Kaplan die Sterbesakramente erteilte, und ihn beflügelte Begeisterung. Die Umgebung und die Situation selbst bewirkten, daß er nach dem heiligen Akt in die Tasche griff und der Sterbenden einen Gulden in die Hand drückte. Derartiges war den Großmütterchen aus dem Armenhaus noch nie zuvor widerfahren.

Als er fort war, sagte die Mlíčková erfreut: »Der neue Kaplan gibt die Sakramente in einer sehr schönen Art und Weise.«

Für den Gulden ließ sich die Pintová noch am selben Abend Schinken und eine Flasche Kümmelbranntwein holen.

Als am darauffolgenden Morgen der Arzt kam, um den Todeskampf der Pintová mit einer Spritze zu lindern, sah er sie am Tisch sitzen und fröhlich vor sich hin singen: ». . . auf der grünen Wiese hat er mich gefragt, ob ich ihn noch liebe, ja, hab ich gesagt . . .«

Doch schon nach einer Woche war das flache Fläschchen mit dem Kümmelschnaps genauso leer wie das Portemonnaie der Pintová.

Wieder klopfte der Kirchendiener bei Kaplan Toman an und berichtete, die Pintová liege erneut im Sterben und verlange die Sakramente.

Als sie den Kaplan erblickte, sagte sie erfreut, wenn auch mit leiser Stimme: »Ach, mein lieber Hochwürden, ich weiß nicht, ich weiß nicht, ob ich heute noch so viel Kraft habe, daß ich den Gulden mit der Hand festhalten kann.«

Doch sie hielt ihn, und der Kaplan Toman sagte zu dem Kirchendiener, als sie das Armenhaus verließen: »Ist die aber zäh!«

Und er sollte recht behalten. Als am nächsten Morgen der Arzt erneut zu ihr kam, lief die Pintová durch die Stube, und auch diesmal sang sie: »Auf der grünen Wiese hat er mich gefragt, ob ich ihn noch liebe, ja, hab ich gesagt . . .«

»Hören Sie, Pintová, was ist los mit Ihnen?« fragte der Arzt.

»Wissen Sie, gnädiger Herr Doktor, der Herr Kaplan gibt die Sakramente so schön.«

Das war an einem Mittwoch gewesen. Am drauffolgenden Tag erschien der Kirchendiener schon wieder bei Kaplan Toman und rief, kaum daß er die Tür geöffnet hatte: »Hochwürden, wir müssen wieder ins Armenhaus nach Žižkov. Diesmal liegt die alte Skuhrovská im Sterben.«

Doch bevor sie dort eintrafen, geriet die Sterbende in einen Streit mit dem Großmütterchen Mlíčková, die sich ebenfalls todkrank ins Bett legen wollte, damit der Kaplan alles in einem Aufwasch machen könnte, wofür sich auch die Pintová einsetzte. Aber die anderen redeten es der Mlíčková aus, weil sie erst Montag an der Reihe sei. Die Mlíčková keifte zwar, sie wolle gleich heute im Sterben liegen und nicht bis Montag warten, denn schließlich könne ihr ja bis dahin wirklich etwas zustoßen. Aber sie beruhigte sich. Als sie später mitbekam, wie der Kaplan der alten Skuhrovská nach dem seelischen Trost einen Gulden in die Hand drückte, konnte sie sich nicht länger beherrschen. Mit weinerlicher Stimme sprach sie zu ihm: »Ich fürchte, Hochwürden, ich ahne es schon, daß die Reihe bald auch an mich kommt!«

Wenn sich der junge Kaplan später an diesen Tag erinnerte, schüttelte er den Kopf, und eine Gänsehaut lief ihm den Rükken hinunter.

Im Armenhaus von Žižkov erinnert man sich noch heute daran, zu welch einem Spektakel es kam, als am Samstag plötzlich die alte Vaňková klagte, ihr sei nicht gut, sie würde gleich in Ohnmacht fallen. Die Mlíčková sagte, das sei von der Vaňková ganz unverschämt, denn sie sei als erste dran, und wenn die Dinge so stünden, dann wolle sie das Sterben sofort hinter sich bringen, und am Montag solle die Vaňková den Kaplan halt noch einmal holen lassen.

Nun ergab sich ein riesiges Palaver, bis schließlich Vaňková, die Jüngere, nachgab; denn sie war erst neunundachtzig, die Mlíčková dagegen schon neunundachtzig Jahre und drei Monate alt.

Als der Kirchendiener den Kaplan wieder holen wollte, erbleichte dieser und sagte, heute solle besser der ältere Kaplan Richter hingehen.

Der Kaplan Richter ging also hin, betete inbrünstig am Bett der Mlíčková, segnete alle und empfahl sich, ohne jedoch der Sterbenden einen Gulden gegeben zu haben.

Die Pintová, die es wie alle anderen bemerkt hatte, zupfte den Kaplan Richter am Rock: »Verzeihen Sie, Hochwürden, aber ich muß die Mlíčková doch in Schutz nehmen. Wir haben immer einen Gulden bekommen, wenn wir die Sakramente bekamen. Es ist wahr, Hochwürden, Sie haben länger gebetet, aber Sie haben den Gulden vergessen...«

Erschüttert blickte der Kaplan Richter die Großmütterchen an, dann langte er ins Portemonnaie...

Der Beschluß des Stadtrats von Žižkov in dieser Angelegenheit war interessant. Die Kaplane hatten durchgesetzt, daß den alten Frauen im Armenhaus von Žižkov das freiwillige Sterben untersagt wurde. Ferner war beschlossen worden, daß die Sterbesakramente allen Großmütterchen gleichzeitig und nur ein einziges Mal im Monat gegeben werden.

Die Einnahmen der Großmütterchen sind nun so gering wie eh und je.

Und das Fläschchen, das so süß nach Kümmelbranntwein roch, ist ganz leer. Über dem Armenhaus liegt Katastrophenstimmung. Die Vaňková hat sich vor vierzehn Tagen aufgehängt, weil ihr der Stadtrat von Žižkov untersagt hat, immer wieder im Sterben zu liegen.

Herr Mazucha rächt seine gekränkte Ehre

Herr Mazucha war ein sehr umsichtiger Mensch. Als er eines Tages herausfand, daß seine Ehefrau ihn mit einem gewissen Herrn Chabera aus der Schwarzen Gasse Nr. 8 betrog, setzte er sich in den Kopf, aus gekränkter Ehre Rache nehmen zu müssen.

Aus Gründen der Umsicht gewährte er sich eine Bedenkzeit von vierzehn Tagen. Während dieser Zeit war er zu dem Schluß gekommen, daß er die Genugtuung ohne Blutvergießen, auf möglichst schonende Art, erzwingen würde. In den darauffolgenden vierzehn Tagen überlegte er, ob er eine Reitpeitsche benutzen oder sich auf seine Hände verlassen sollte. Schließlich faßte er den endgültigen Entschluß, Herrn Chabera öffentlich zu ohrfeigen, was ihm die preiswerteste Art der Genugtuung zu sein schien, da sie mit keinerlei finanziellen Opfern verbunden war, was bei der Anschaffung einer Reitpeitsche unumgänglich gewesen wäre.

Eine weitere Woche verging mit Nachforschungen über die Spaziergänge des Herrn Chabera. Herr Mazucha beobachtete, daß Herr Chabera sich um 16 Uhr ins Café Union in der Ferdinandallee zu begeben pflegte, und zwar immer dann, wenn er sich mit Frau Mazucha nicht traf, wo er bis halb sieben verweilte. Anschließend ging er auf der Promenade in Richtung Kleinseite zur Gastwirtschaft ›Glaubica‹.

An einem Tag im Februar brach Herr Mazucha endlich auf, um sich für seine gekränkte Ehre zu rächen. Er ging direkt ins Café Union, fragte, wo Herr Chabera sitze, setzte sich Chabera gegenüber und fixierte in peinlicher Verlegenheit die athletische Figur des Herrn Chabera. Solche breiten Schultern hatte er nicht erwartet. Der hat auch starke Muskeln, dachte er betrübt und sagte zu Herrn Chabera, der eine französische Zeitschrift beiseite legte, sehr freundlich: »Ist der Platz hier frei, bitte?« – »O bitte.«

Du Schurke, dachte Herr Mazucha, wenn du wüßtest, wer dir gegenübersitzt.

Wüßte er das, überlegte Herr Mazucha weiter, hinter der Zeitschrift versteckt, würde ich mich umsonst aufregen. So ein baumstarker Kerl – wenn der mich schon um mein Eheglück brachte, dann ist er sicher auch dazu fähig, mir ein Tablett mit Wassergläsern auf den Kopf zu knallen. Aber ich kann es nicht so hinnehmen, ich muß diesen Gauner zumindest moralisch demütigen!

Mit fingierter Abscheu legte er die Zeitschrift auf einen Stuhl und sagte sehr laut: »Diese französischen Blätter strotzen nur so von Nachrichten über eheliche Untreue: Die Marquise des Belleau hat ein Verhältnis mit dem Bildhauer Vaillaut. Warum versetzt der Marquis ihm nicht ein paar Ohrfeigen? Pfui Teufel! Ich würde den Gauner schnappen und ihm öffentlich ein paar 'runterhauen. So sollte eheliche Untreue bestraft werden. Wozu erst noch einen Revolver kaufen?«

Die Gäste im Café drehten sich nach ihnen um, Herr Mazucha verstummte, und Herr Chabera sagte: »Wir müssen nicht bis nach Paris gehen, um solche Beispiele zu finden. In Prag geschehen Dinge, daß einem vor Empörung die Haare auf dem Kopf zu Berge stehen. Ich könnte Ihnen, mein Herr, darüber einiges erzählen!«

»Ich auch«, erwiderte Herr Mazucha bedeutungsvoll und konnte sich kaum beherrschen. Aber seine Umsicht gewann sofort wieder die Oberhand, und er fügte lediglich hinzu: »Ich zweifle nicht daran, aber trotzdem ist es mir sehr peinlich, werter Herr. Unsere Gesetze sind nicht streng genug. Solche Peinlichkeiten begleicht man am besten persönlich...« Wieder geriet er in Rage: »... von Angesicht zu Angesicht, solche Schurken muß man öffentlich ohrfeigen und ihnen ins Gesicht sagen: ›Sie haben mich um mein Eheglück gebracht, dafür legen Sie sich jetzt kalte Umschläge aufs Maul‹.«

»So einfach ist das nicht«, wandte Herr Chabera ernsthaft ein, »ich habe selbst schon ziemlich viel erlebt. Als ich noch in Brünn war, hat sich eine Frau Direktorin in mich verliebt. Später ist sie mit einem anderen nach Rumänien durchgebrannt. Aber der Herr Direktor hat uns einmal zusammen erwischt, als ich mit ihr noch ein Verhältnis hatte, es war auf einem Ausflug nach Blansko [ein Vorort von Brünn]. Er brach einen Streit vom Zaun und ging auf mich los, aber seine Frau hat ihn gerettet. Sie warf sich vor mir auf die Knie, und so ließ ich ihn ungeschoren abziehen. Unter uns gesagt – er war eigentlich ein Dummkopf, ein bornierter Typ im wahrsten Sinne des Wortes. Ich habe ihn später einmal in Brünn aufgesucht, und da führte er sich wie ein Lämmchen auf. Ich brachte ihm seinen Zwicker, den ich ihm bei unserem Streit von der Nase 'runtergehauen hatte. Aber ich sag Ihnen, wäre seine Frau nicht dabeigewesen, die mich angefleht hat, aufzuhören, hätte es sich für den Kerl nicht mehr gelohnt. Ich hätte ihn ordentlich zugerichtet. So macht man das. Belieben Sie verheiratet zu sein?«

»Nein, ich bin nicht verheiratet«, stammelte Herr Mazucha unsicher.

»O pardon«, sagte Herr Chabera freundlich, »entschuldigen Sie, daß ich mich noch nicht vorgestellt habe. Ich bin der Tenor Chabera.«

»Und ich, ich«, stotterte Herr Mazucha, »mein Name ist Vojtěch Slavíček.«

Als Herr Mazucha seinen Kaffee mit Milch und ein Hörnchen bezahlte, fiel eine Träne auf das Fünf-Kronen-Stück, und nachdem er Herrn Chabera die Hand gedrückt hatte, verließ er merklich verlegen das Café.

Unter Saufkumpanen

Jene Bemerkung, ›Jetzt beginnt meine Woche‹, die Honza Riedl auf einem Zettel notierte, bedeutete nichts anderes, als daß er eine Woche lang mit Saufkumpanen prassen wollte. Es war eine Art Losung, die besagte, daß die Saufbrüder eine Woche lang ununterbrochen zusammenbleiben, sich gegenseitig helfen und füreinander sorgen wollten, wenn der eine oder andere im Laufe dieser Woche vor Schwäche nicht mehr auf den Beinen stehen konnte, und daß alle ihr Geld zu dem löblichen Zweck zusammenlegen, um sieben Tage lang in Saus und Braus zu leben und, stürmisch debattierend, durch Kneipen und Nachtlokale zu ziehen. Zu diesen Kreisen gehörte auch die Fraktion der ›Partei für gemäßigten Fortschritt in den Schranken der Gesetze‹, die die Wirtschaft ›Bei Bláha‹ regelmäßig frequentierte und sich dort finanziell wie kulturell zügellos auslebte.

Einmal war auch ich Augenzeuge ihrer ausgesucht feinen Unterhaltung. An diesem wunderschönen Herbstabend, als wir ›Bei Bláha‹ saßen, waren wir alle wie ein Körper und eine Seele. Wir debattierten über verschiedene Ereignisse, um uns in diesem intimen Kreis geistig zu erfrischen. Etwa um halb elf schneuzte sich Písecký und fiel dabei vom Stuhl. »Der verträgt aber wenig«, sagte Honza Riedl, »da bin ich ein anderer Kerl, mir kommt es gerade so vor, als ob heute meine Woche beginnt.«

Damit war das Losungswort für die ganze Versammlung gefallen. Groš erhob sich, ging zum Kalender und sagte: »Heute haben wir den 20. Oktober, also ein Ehrenwort darauf, daß wir bis zum 27. Oktober zusammenhalten wie Pech und Schwefel.« Zuallererst aber befreiten wir Písecký von seiner Pflicht, die ganze Woche mit uns zu verbringen, obwohl er sich im Taumel freundschaftlicher Gefühle mit allen möglichen Mitteln zur Wehr setzte. Es half ihm aber nichts, denn als wir ihn auf seinen Stuhl hochhievten, schneuzte er sich erneut und lag sofort wieder unten. Dennoch bestand er weiterhin tapfer darauf, da-

beisein zu wollen, und er beteuerte: »Iiich kkkann viel ab.« Wir versuchten ihm seine Entscheidung auszureden, aber als er weiterhin darauf bestand, uns nicht verlassen zu können, liehen wir uns von Bláha einen Handwagen und schnallten Písecký mit Gurten darauf fest. Er rief mit weinerlicher Stimme: »Ich, iiich verlasss euch nicht«, also fuhren wir mit ihm ins Nachtcafé ›Beim blutigen Tonda‹.
Das war eine Wirtschaft und zugleich ein Café auf der Palacký-Straße in der Weinberge. Der Inhaber, Herr Vaňha, von allen ›der blutige Tonda‹ genannt, ein Mann, groß wie ein Berg, ungeheuer dick und muskulös, ging in seinem Lokal mit aufgekrempelten Ärmeln umher und belauerte seine Gäste. Wenn jemand die Suppe, die er den Gästen servieren ließ, nicht aufaß, nahm sein Gesicht einen furchterregenden Ausdruck an. Er trat zu dem unglücklichen Gast und sagte freundlich: »Du Flegel, du, es schmeckt dir nicht? Warum kommst du dann angekrochen?« Er packte ihn und trug ihn auf die Straße hinaus. Herr Vaňha behauptete, er werde von allen gefürchtet, und sollte ein Gast es einmal wagen, die Hand an seinen Besitz zu legen, mit diesem Halunken würde er kurzen Prozeß machen, ihn in den Keller sperren und an Ort und Stelle aufhängen.
Wir stellten den Wagen mit Písecký vor der Wirtschaft ab und ließen Písecký angeschnallt dort liegen; er sollte wieder nüchtern werden. Písecký randalierte. Er schrie, er werde uns nicht verlassen, aber nach einer Weile verklangen seine Rufe. Als Honza Riedl eine halbe Stunde später hinausging, um Písecký mit einem Glas Bier zu erfrischen, kam er zurück und rief entsetzt: »Irgend jemand hat Písecký verschleppt!«
Wie sich später herausstellte, hatten zwei Passanten, die angeheitert von der Weinberge nach Pankrác [ein Stadtteil Prags] schlenderten, sich diesen kleinen Scherz erlaubt. Sie hatten den Wagen mit Písecký bis nach Braník [ein Stadtteil Prags] gefahren und ihn dort auf einem Feld stehengelassen. Písecký war vor Schrecken eingeschlafen und wurde in der Morgenfrühe von zwei reitenden Polizisten gefunden. Er erklärte ihnen, nachdem ihm allmählich der Ablauf der Ereignisse dämmerte, er sei von alleine hierhergekommen. Den Polizisten aber schien die Sache sehr verdächtig, und so befreiten sie ihn erst gar nicht von den Gurten, sondern ließen ihn, so wie er da lag, zum Polizeipräsidium nach Prag zurückbefördern. Seinen Kopf

wickelten sie in die Zeitung ›Nationale Politik‹ ein, damit in den Straßen Prags keiner sein Gesicht erblickte. So streng sind die Gesetze!

Beim Polizeipräsidium befreite man ihn von den Riemen, und als er immer wieder behauptete, alles sei nur ein Scherz und es handele sich um eine Wette, sagte man ihm: »Gut, in der Sache wird ermittelt. Aber Sie müssen mit diesen zwei Polizisten und mit dem Handwagen zu Bláha gehen, damit wir zuerst einmal sicherstellen können, daß der Wagen tatsächlich Bláha gehört.«

Den Passanten auf dem Wenzelsplatz bot sich ein herrlicher Anblick: zwei Polizisten führten einen Mann, der einen tief in die Stirn gedrückten Zylinder trug und mühsam einen Handwagen hinter sich her zog.

Die ganze Angelegenheit verkomplizierte sich dadurch, daß nicht nur wir, sondern auch die zwei Herren, die ihn verschleppt hatten, Písecký suchten. Sie waren angesehene Bürger aus Pankrác, einer von ihnen war Lehrer. Als sie am nächsten Morgen begriffen, was sie angestellt hatten, plagten sie die schrecklichsten Visionen vom Schicksal des armen Teufels. In der Nacht hatte es gefroren. Der Polizei von Pankrác blieb schleierhaft, wieso ein Lehrer einen derartigen Unsinn über irgendeine Verschleppung irgendeines gefesselten Herrn faselte. Sie haben den Lehrer mit der Empfehlung heimgeschickt, Ruhe zu bewahren, nur so würde er seinen plötzlichen Anfall loswerden.

Den beiden unglücklichen Entführern begegneten wir am nächsten Morgen bei Krče, wo uns Pluto, der schottische Schäferhund von Písecký, hingeführt hatte. Während sein Herrchen auf dem Handwagen gefesselt, draußen vor der Wirtschaft lag, hatte Pluto in unserem Kreis gehockt und Bier vom Teller geleckt.

Eine geistige Übung mit Hindernissen

In der Tertia bekamen wir einen neuen Religionslehrer, der Antonín Heřman hieß. Sein Vorgänger Müller hatte sich um unser Seelenheil nicht allzu große Sorgen gemacht. Offenbar war er der Auffassung gewesen, daß alle Arbeit verlorene Liebesmühe sei. Pater Heřman jedoch nahm sich vor, unsere sündigen Seelen dem Teufel zu entreißen, und er begann zunächst mit strengeren Prüfungen in Liturgie und Katechismus. Als er merkte, daß es bei uns allen mit Ausnahme von zwei oder drei Tertianern, was die anerkannten religiösen Wahrheiten betraf, sehr haperte, führte er mit Zustimmung des Schuldirektors Wiederholungsstunden ein, die mittwochs und samstags stattfanden und in denen er die Seelen der Tertia mittels gut formulierter Sätze zu verfeinern suchte. Mitten in seinen wunderschönsten poetischen Schilderungen, die durch entsprechende Vergleiche edlere Gefühle ansprechen sollten, nannte er uns ›Gauner‹ und ›Lumpen‹.

Er betrat die Klasse und legte los: »Erhaben und wundervoll schweift der Blick empor zum funkelnden Abendhimmel, ihr Gauner. Die glühende Sonne, die ihr strahlendes Gesicht vom ganztägigen Wandern ermüdet dem Schlafe zuneigt, Mahula! schickt ihre letzten Lichtergrüße in die purpurne Himmelsröte, die, Fischer! zuerst rot entflammt, dann verblaßt und schließlich ganz vom Horizont entschwindet – seid ihr aber Gauner! Der Horizont verengt sich, Mayer! durchsichtiger gräulicher Dunst umhüllt mit seinem zarten Schleier die Erde ... draußen findest du nichts mit deinem Glotzen, Boschik! Und siehe da, an dem dunkler werdenden azurblauen Himmel erscheint der erste Stern, er zittert. Zíma! sein funkelndes Auge zittert ... jetzt reicht's mir aber! Steh auf, Zíma, und bete drei Vaterunser! Plötzlich zeigt sich ein zweiter Stern, ein dritter, und in kurzer Zeit flimmert der ganze Himmel. Was für ein herrlicher Anblick! Stiller Abendhimmel, Vaňka! mit unzähligen flimmernden Sternen, und unten Friede auf der Erde, die nach des Tages Mühen ruht. Aber weitaus schöner erscheint uns der geistige Himmel, Bernášek! Dort schwebt die Sonne der Gerechtigkeit, dort leuchten die unzähligen Sterne in ihrer überirdischen Herrlichkeit. Hier ist der Himmel der heiligen Männer und Frauen. Die Frauen leuchten in der Reinheit ihrer Unschuld, in der Röte ihres Märtyrertums, in der Weisheit ihrer Buße, was auch für dich gilt, Čeňka! Merkt euch, der Mensch läßt die irdischen Dinge nur durch Ehrlichkeit und Reinheit hinter sich.«

Da ertönte im Klassenzimmer ein peinliches Geräusch. Wie auch immer diese Geräusche von der Medizin benannt werden, der Laut schwebte allzu provokativ durch den geweihten Raum. Dieses Geräusch brach in die geistige Übung, in die wunderschöne Predigt des Paters wie der Dragoner in ein friedliches Dorf ein. Wir prusteten vor Lachen, als der Laut sich hinter den Schulbänken verkrümelt hatte. Durch dieses Geräusch in seiner aufrichtigen Unverfrorenheit wurden wir allesamt aus den überirdischen Höhen der Unschuld, aus dem Reich der überirdischen Wunder und heiligen Geheimnisse herausgerissen.

Pater Heřman stand eine Weile völlig verdutzt da, dann schlug er die Hände über den Kopf zusammen und rief: »Wer hat sich so schändlich benommen?«

Grabesstille. Pater Heřman zog das Klassenbuch hervor und schrieb mit großen Buchstaben hinein: ›Während der religiösen Übung hat sich die ganze Klasse sehr grobschlächtig betragen.‹ Und dann legte er ohne Punkt und Komma los: »Ihr Lumpen, wenn dieser Junge unter euch, der sich so schändlich benimmt, rein und gut wäre, würde er ohne weiteres einsehen, daß ein reines Herz immer aufwärts, zum Himmel strebt. Das Herz dieses Ferkels aber drängt nur in die Hose, und ich sage euch, das Herz schafft sich seinen Körper. Merkt euch, wahres Glück auf Erden wird nur einem Menschen reinen Herzens vergönnt.«

Doch da sprach schon wieder das Herz eines unedlen Kindes. Das peinliche Geräusch zog sich diesmal länger, freudig und fragend hin, ganz so, als verließe eine reine Seele die körperliche Hülle.

»Schweine!« schrie Pater Heřman und zog zum zweitenmal das Klassenbuch hervor, »ich trage euch jetzt alle noch einmal ein!«

Dann faltete er die Hände, kniete vor dem Katheder nieder, und mit zum Himmel gerichtetem Blick rief er sehnsuchtsvoll: »Ihr Lumpen, blicket mit eurem geistigen Auge in die Abgründe, wo das ewige Feuer brennt und die Seelen der Verdammten bis in alle Ewigkeit martert. Und wer sind diese Verdammten? Das seid ihr, Tertianer! O armselige törichte Sünder, was werdet ihr dem Herrn antworten, der alle eure bösen Taten kennt, wenn ihr euch schon jetzt vor dem Gesicht eines erbosten Menschen, vor meinem, fürchtet? Warum denkt ihr nicht an den Tag des Jüngsten Gerichts, wo keiner den anderen entschuldigen oder gar verteidigen kann, wo jeder einzelne sich ganz allein verantworten muß und große, große Schwierigkeiten haben wird!«
Nicht umsonst sagt man: Aller guten Dinge sind drei.
Diesmal war es Pater Heřman in höchsteigener Person, und das vor lauter Begeisterung. Männlich, wie die Worte eines Patriarchen, donnerten die Laute vom Katheder herüber, und Pater Heřman zog das Klassenbuch abermals hervor und bemerkte mit rotem Kopf, aber wohlwollend: »Diesmal will ich's euch verzeihen«; er löschte die Eintragungen aus.
Von da an mochten wir ihn leiden, und die ganze Tertia begann in den anerkannten Wahrheiten der christlichen Lehre erstaunliche Fortschritte zu machen.

Das Waisenkind und seine geheimnisvolle Mutter

Eine rührende Geschichte aus der bürgerlichen Presse

1. Kapitel
Das Waisenkind mit den blauen Augen

Sie hieß Tonička und entbehrte mütterlicher wie väterlicher Liebe. Eines Tages wurde das Waisenkind von einem Kaufmann in Pflege genommen, in dessen Laden das Dienstmädchen eines Redakteurs, der für ein bürgerliches Blatt schrieb, die täglichen Einkäufe erledigte.
In der Redaktion setzte gerade die Sauregurkenzeit ein. Es passierte nichts, worüber zu schreiben sich gelohnt hätte.
Und Tonička hatte blaue Augen...

2. Kapitel
Der Geldbriefträger

Mit wackerem Schritt betrat der Geldbriefträger Jan Hromada (ein gut erhaltener, vierundfünfzig Jahre alter Mann, katholisch, verheiratet, wohnhaft in Libice, Kreis Kolín an der Elbe, besondere Kennzeichen: ein Muttermal unter dem Bauchnabel) den Laden, in dem das Waisenkind arbeitete. »Ist Tonička da?« fragte er mit bebender Stimme, denn er hatte gelesen, was auf der Postanweisung stand.
»Ja«, erwiderte der Kaufmann mit ebenfalls bebender Stimme, und der Briefträger fügte mit immer noch bebender Stimme hinzu: »Ich bringe ihr hundert Kronen.«
Auf der Geldüberweisung stand: ›Liebes Kind! Verzeih, aber ich kann nicht anders. Ich kann mich nicht länger verleugnen. Ich bin Deine Mutter und habe schon mit Dir gesprochen. Mir bricht das Herz. Sei fleißig und vertraue auf Gott, er wird Dich nie verlassen. Fürs erste schicke ich Dir diese hundert Kronen. Deine Mutter.‹
Während sie der Tonička die Botschaft vorlasen, ließ diese ein

volles Dreilitergefäß mit Spiritus fallen, der sich über den ganzen Laden ergoß. Sie konnte sich das leisten, denn sie besaß ja jetzt hundert Kronen.

3. Kapitel
Die tapfere Tat des Rentners Pavlík

Im nächsten Augenblick betrat der fünfundsechzigjährige Rentner Josef Theodor Pavlík den Laden. In der Hand hielt er EINE BRENNENDE ZIGARRE. Geistesgegenwärtig warf er sie durch das offenstehende Fenster hinaus, als er bemerkte, daß im Laden Spiritus vergossen worden war. Diese Tat verdient große Bewunderung. Sie ist ein deutlicher Beweis für seinen großen Mut und seine außergewöhnliche Kaltblütigkeit. Andernfalls wäre der Spiritus womöglich in Flammen aufgegangen, da in dem Laden auch ein großer Benzinkanister stand, und wir hätten diese rührende Geschichte wahrscheinlich gar nicht weitererzählen können. Mit der Verkohlung der in dem ausgebrannten Laden befindlichen Leichen hätte sie ein jähes Ende gefunden. Die tapfere Tat des Rentners Pavlík ist überdies um so verdienstvoller, als er durch seine Geistesgegenwart dem Staat einen Geldbriefträger erhielt.

Das Postministerium ruft dem tapferen Manne zu: »Gott vergelte es Ihnen!«

Nachdem der Rentner Pavlík den Laden verlassen hatte, fand er seine hinausgeworfene Zigarre nicht mehr. Der Passant, dem sie auf den Kopf gefallen war, hatte sie zu Ende geraucht.

4. Kapitel
Die Geschäftstüchtigkeit des Kaufmanns

Eine Viertelstunde nachdem Tonička hundert Kronen empfangen hatte, verließ der Kaufmann seinen Laden. Er kaufte einen Fahrschein, setzte sich in die Straßenbahn und fuhr zur Redaktion des Blattes, in der jener Herr Redakteur war, der das Dienstmädchen beschäftigte, das im Laden des Kaufmanns einzukaufen pflegte, der nun auf dem Wege war, diesen Redakteur aufzusuchen. Wie man sieht, entwickelt sich alles prächtig.

Über eine Stunde sprach der Kaufmann mit dem Redakteur, der

strahlte. Welch eine ergreifende Geschichte! Und dazu noch im Hochsommer, wo die Sauregurkenzeit Hochkonjunktur hatte.
»Morgen wird unser Blatt darüber berichten«, verabschiedete er sich von dem Kaufmann, »selbstverständlich werden Sie mit Ihrem vollen Namen genannt.«
Der Kaufmann eilte ins Inseratenbüro des Blattes. Für den folgenden Tag bestellte er eine Anzeige, die in der Zeitung günstig plaziert wurde.

5. Kapitel
Die Folgen des Artikels über die ›Geheimnisvolle Mutter‹

Der Redakteur hielt sein Wort. Am nächsten Tag erschien in der Zeitung ein Artikel unter der Schlagzeile: ›*Die geheimnisvolle Mutter.*‹ Er war über drei Spalten gesetzt. Die weinerliche Einleitung war fabriziert worden unter Zuhilfenahme der Stilmittel von Frau Marlítová, Frau Karlenová, Frau Švarcová und anderer verheulter Schriftstellerinnen, die Familienromane schrieben. Der Wohltäter von Tonička, Kaufmann Václav Zeman, wurde mit vollem Namen genannt.
Im Anzeigenteil des Blattes konnte man folgendes Inserat lesen:

Václav Zeman, Geschäftsinhaber der Kolonialwarenhandlung, Kaminskýstraße 18, Weinberge, empfiehlt den werten Kunden sein großes Sortiment an Lebensmitteln:
Verschiedene Käse- und Wurstsorten, Fleisch- und Fischkonserven, hervorragende Weine, weiß und rot, 1 Krone im Liter. Ausgezeichnete Kaffeemischung für 2 Kronen, 20 Heller. Zucker zum Schleuderpreis. 1 Liter Rum schon ab 80 Heller. Täglich frische Markenbutter.

An diesem Tag wollten alle Frauen und Mädchen in der Weinberge das Waisenkind Tonička sehen und sich mit ihm zusammen ausweinen. Von morgens bis abends wurde in dem Kolonialwarengeschäft geweint. Jedesmal, wenn Toničkas

Tränenstrom zu versiegen drohte, mußte sie hinten im Laden an einer Zwiebel riechen.
Ältere Herren kniffen sie in die Wangen, aber das bedeutete nichts Schlimmes, denn sie war ja erst fünfzehn. Und während alle gemeinsam schluchzten, ertönten hier und da Rufe wie: »Ein Kilo Kaffee!« – »Fünf Kilo Zucker für mich!« – »Einen Liter Rum!« – »Eine Flasche Rotwein!«
Václav Zeman konnte den Kundenandrang allein nicht mehr bewältigen. Auch seine Frau schwitzte schon beim Bedienen, also mußte er noch eine Aushilfe einstellen. Alle Frauen und Mädchen in der Weinberge kauften ihren Wochenbedarf ein.
Abends um zehn Uhr, kurz vor Geschäftsschluß, betrat eine verweinte Frau, die sogar aus Modřany hierher gekommen war, einem Viertel am anderen Ende der Stadt, den Laden. Sie hatten nichts mehr, was sie ihr hätten anbieten können, und so verkauften sie ihr die alten Messinggewichte.
Von der Zeitung mit dem Artikel ›*Die geheimnisvolle Mutter*‹ wurden zehntausend Exemplare mehr abgesetzt.

6. Kapitel
Das taubstumme Dienstmädchen

Damit die Geschichte noch mehr hergäbe, wurde ermittelt, daß jene Frau, die Tonička im Wöchnerinnenheim zur Welt gebracht, den Namen eines taubstummen Dienstmädchens mißbraucht hatte, das nun mit verzweifelten Gesten seine Unschuld beteuerte. Der Redakteur konnte es nur schwer verwinden, daß sie taubstumm war, weil er sich mit ihr um keine Macht der Welt verständigen konnte. Er hatte aber für die bereits fest plazierte Rubrik seines Blattes ›*Das Waisenkind und seine geheimnisvolle Mutter*‹ schon eine Spalte mit der Schlagzeile ›*Das Gespräch mit der angeblich falschen Mutter*‹ vorbereitet.
Frauen und Mädchen aus der Weinberge schickten dem taubstummen Dienstmädchen Ansichtskarten, und die Staatsanwaltschaft erhob gegen das Dienstmädchen eine Anklage wegen Irreführung der Behörden. Sie sei nicht niedergekommen, als sie in dem Wöchnerinnenheim hätte entbinden müssen.
Statt sich einen Verteidiger zu nehmen, pilgerte das taub-

stumme Mädchen zu einem nahe liegenden Wallfahrtsort und hinterließ zu Hause einen Zettel, der allgemeine Überraschung auslöste und sofort in die Redaktion gebracht wurde.
Auf ihm stand nur ein einziger Satz: ›Ich gehe beichten!‹ Das Polizeikommissariat schickte aus diesem Grunde zwei als Geistliche verkleidete Detektive dem taubstummen Dienstmädchen hinterher.

7. Kapitel
Neue Briefe, neue Enthüllungen, neue Geschäfte

Tonička erhielt nun Tag für Tag einen Brief von der ›*geheimnisvollen Mutter*‹. Václav Zeman trug diese Schriftstücke gewissenhaft in die Zeitungsredaktion, und am nächsten Tag konnte jeder nicht nur den Wortlaut, sondern auch die Seufzer der Zeitung entnehmen.
Fünf Hersteller von Ansichtskarten lauerten mit Fotoapparaten der ›*geheimnisvollen Mutter*‹ auf. Verheiratete Männer musterten argwöhnisch ihre Ehefrauen und stellten sie zur Rede. Die Frauen mußten schwören, daß sie vor der Hochzeit keine andere Liebschaft gehabt hatten.
Ein Mann stellte fest, daß in der Haushaltskasse genau 100 Kronen fehlten. Ihm schwante, seine Frau habe das Geld der Tonička überwiesen. Also griff er, ohne zu zögern, zum Rasiermesser, rasierte sich, eilte zum Standesamt und reichte die Scheidung ein.
Inzwischen hatte Tonička alles in allem fast dreihundert Kronen erhalten, und die Frau des Hauswirts grüßte sie bereits mit »Küß die Hand, gnädiges Fräulein!«
Tonička wollte jetzt lange Röcke tragen und weinte, als man ihr diesen Wunsch abschlug.
Nur wenige Tage später bekam sie einen weiteren Brief von ihrer ›*geheimnisvollen Mutter*‹:
»Liebe Tonička! Ich weiß, daß Du weinst, und ich kann Dir nicht helfen. Vertraue auf Gott und sei brav. Ich schicke Dir diesmal 30 Kronen. Deine unglückliche Mutter.«
Nachdem auch dieser Brief veröffentlicht worden war, lästerten böse Zungen: »Für 300 Kronen würde auch ich ein Waisenkind spielen.«

Ein pensionierter Förster gestand, Toničkas Vertrauensmann zu sein, und setzte unverzüglich das folgende Inserat in die Zeitung:

Ein Elch erkrankt nicht an Tuberkulose, weil er in den Wäldern ein Kräutlein sucht, das im Tee und in den Kräutern des Waldes enthalten ist. Tee und Gewürze zu beziehen über den Hersteller: Šumínský. Weinberge, Kaminskýstraße 26.
Viele Dankesbriefe aus Amerika, Australien, Neuseeland, London, Paris, Michle, Korsika und Poděbrady.

8. Kapitel
Ratschläge und Überlegungen

Die Redaktion der Zeitung mit der fest plazierten Rubrik ›*Das Waisenkind und seine geheimnisvolle Mutter*‹ wurde von Leserbriefen regelrecht überflutet. Insgesamt trafen innerhalb von vierzehn Tagen 1256 Briefe ein. Sie enthielten Ratschläge, Überlegungen, Hinweise, Ermahnungen und Warnungen aller Art.
Ein Zeitungsleser schrieb, Tonička solle aufpassen, daß man sie nicht hinterhältig irgendwo hinlocke. Der Verfasser eines anderen Briefs bekundete, er sei fest davon überzeugt, daß man Tonička in den Wahnsinn treiben wolle. Er verriet nicht, welchen Zweck das haben sollte.
Ein paar Tage später druckte die Zeitung, an die Adresse der ›*geheimnisvollen Mutter*‹ gerichtet, die ernst gemeinte Forderung ab, nun endlich aus dem Dunkel hervorzutreten. Der rührende Text dieser Bitte kleidete sich in Zitate, die traurigen Romanen und sentimentalen Erzählungen entnommen waren.
Auf den Straßen traf man nun überall Menschen mit rotverweinten Augen an. Aus Mitleid mit der armen Tonička sind bereits sechs Personen wahnsinnig geworden. Dreißig Frauen und Mädchen aus der Weinberge erblindeten. Frauen in ganz Böhmen weinten sich die Augen aus dem Kopf, und Mütter drückten ihre Buben und Mädchen noch fester ans Herz. Fünf

Buben und sechs Mädchen starben in der mütterlichen Umarmung.
Ein talentierter Poet und Verfasser von Schlagertexten setzte ein neues einfältiges Geistesprodukt, einen Schlager vom Waisenkind, in die Welt, der überall gesungen wurde. Frauen und Mädchen aus der Weinberge setzten sich dafür ein, daß der Schlager vom großen Theaterorchester gespielt wurde. Von früh bis spät sang man das Lied der *›geheimnisvollen Mutter‹*. Singende Frauenhorden verprügelten beinahe einen Mann, weil er von ihrem Gesang nicht zu Tränen gerührt war.
Eines schönen Tages betrat Toničkas Vertrauensmann Šumínský – der Erfinder der Waldgewürze für Elche und Menschen – die Zeitungsredaktion. Am folgenden Tag druckte das Blatt die folgende Bitte an die *›geheimnisvolle Mutter‹* ab:

Die Genannte möge sich in der Wohnung des Waldtee-Erfinders einfinden. Völlige Diskretion wird garantiert. Mit seinem Ehrenwort verpflichtet sich der Förster zu absolutem Stillschweigen. Die geheimnisvolle Mutter ist nicht verpflichtet, seine Waldkräuter zu kaufen.

9. Kapitel
Die ›geheimnisvolle Mutter‹ entdeckt, völlige Diskretion gewahrt

Offenbar war die *›geheimnisvolle Mutter‹* der Aufforderung des Erfinders nachgekommen. Die Extraausgabe des Abendblattes berichtete darüber:

Uns bindet ein Ehrenwort, das uns Diskretion abverlangt. Nur so viel sei verraten, daß Toničkas Mutter Witwe ist und mehrere Kinder hat. Ihren Namen müssen wir verschweigen. Noch hinzuzufügen wäre, daß die entdeckte Mutter ein Haus ganz in der Nähe von Toničkas derzeitiger Unterkunft besitzt. Mehr dürfen wir jedoch nicht verraten, da uns ein Ehrenwort bindet. Doch wissen wir noch, daß sie fünfunddreißig Jahre alt ist und neue Heiratsabsichten hat. Und sie teilte uns vertraulich mit, daß Tonička Vater noch lebt, der von Beruf Beamter, verheiratet und Vater mehrerer Kinder ist. Unser Ehrenwort, in dieser Angelegenheit völliges Stillschweigen zu bewahren, erlaubt uns nicht, weitere Einzelheiten preiszugeben. Wir dürfen nur noch hinzufügen, daß jener Herr eine auffallende Ähnlichkeit mit Tonička hat. Toničkas Bild bringen wir in unserer morgigen Beilage zusammen mit einer Aufnahme vom herzzerreißenden Wiedersehen zwischen Mutter und Tochter.

Da die Diskretion also restlos gewahrt wurde, stieg die Auflage des Blattes gleich um ein Mehrfaches. Insgesamt wurden 60 000 Exemplare abgesetzt.

10. Kapitel
Der Vater sieht Tonička sehr ähnlich

Die Veröffentlichung von Toničkas Bild in der illustrierten Beilage blieb nicht ohne Folgen.

Am nächsten Vormittag hatten die Friseure alle Hände voll zu tun. Verheiratete Beamte und Väter mit mehreren Kindern suchten den Herrensalon auf, um sich den Bart abnehmen oder den Schnurrbart stutzen zu lassen.

Zweihundert verheiratete Beamte, Väter mit mehreren Kindern, versteckten die illustrierte Beilage mit Toničkas Bild vor ihren Ehefrauen.

Dreihundert Frauen stellten einen Antrag auf Scheidung und gaben in der Begründung für die Untreue ihrer Ehegatten deren auffallende Ähnlichkeit mit Tonička an.

Neunzig Männer bekannten sich zur Vaterschaft.

Und mancher von ihnen klagte: »Sie sind doch fein raus! Ihre Gattin ist glücklicherweise gerade auf Reisen. Aber ich sehe der Tonička verdammt ähnlich!«

Die Zeitungsredaktion erhielt Dutzende von Drohbriefen.

Das Abendblatt wurde in mehr als 100 000 Exemplaren verkauft. Jede böhmische Beamtengattin besorgte sich eine Nummer.

Wer weiß, wie alles enden wird...

Neulich verriet mir der Setzer, für die nächste Nummer seien bereits folgende Schlagzeilen vorgesehen: ›Toničkas Vater verzweifelt.‹ – ›Die geheimnisvolle Mutter beging Selbstmord.‹
»Und wieder machen wir ein prima Geschäft«, fügte der Setzer grinsend hinzu.

Ein Vortrag über Dr. Záhoř

(anläßlich einer öffentlichen Versammlung der »Partei des gemäßigten Fortschritts in den Schranken der Gesetze«, im Mai 1911)

Hochverehrte Damen und Herren!
Mit großer Dankbarkeit ergreife ich die sich mir bietende Gelegenheit, vor auserwählten Reihen unserer geistigen Elite zu sprechen, und hoffe, daß Sie meinen Worten mit Interesse und Spannung zuhören werden, ohne mich zu unterbrechen.
Während Vertreter anderer politischer Parteien in ihren ans Volk gerichteten Reden das gleiche Thema wiederholen – das tun vor allem die Volkssozialisten: sie reden entweder vom Prediger Jan Hus [kirchlicher Reformator, am 6. Juli 1415 in Konstanz am Bodensee als Ketzer lebendig verbrannt. Für das tschechische Volk ein Märtyrer] oder von Svatopluk Čech [1846–1908, Dichter, Klassiker der tschechischen Literatur. Schrieb u. a. Epen über die Hussitenkriege und Sklavenlieder gegen die Habsburger] oder von Karel Havlíček [1821–1856, Dichter und Satiriker, Klassiker der tschechischen Literatur] –, so daß heutzutage jeder Volkssozialist in Böhmen glaubt, Jan Hus, Svatopluk Čech sowie Karel Havlíček wären früher auch einmal Volkssozialisten gewesen, möchte ich Sie heute mit einer anderen hervorragenden Persönlichkeit bekannt machen: mit Dr. Záhoř, dem ehemaligen Physiker der königlichen Hauptstadt Prag.
Ich tue es aus Pflichtgefühl, besser gesagt, aus Dankbarkeit diesem verdienstvollen Manne gegenüber, der in Böhmen die Tradition des Predigers Jan Hus wiederbelebte, indem er behauptete, jeder anständige Mensch solle sich verbrennen lassen. Hier leuchtet also die wahre Flamme der Aufklärung, die Giordano Bruno, Jan Hus, Hieronymus von Prag [Prediger aus der Hussitenzeit] sowie eine Reihe anderer kirchlicher Reformatoren, freier Denker und Hexen auf den Scheiterhaufen aufflammen ließen. Sie alle ließen sich in mehr oder weniger begeisterter Stimmung im Namen ihres Glaubens lebendig verbrennen, und auf diese Weise verkündeten sie der ganzen Welt, daß die übliche Erdbestattung völlig unhygienisch und ungesund sei. Und diese brennende Fackel ergriff Jahrhunderte spä-

ter unser Dr. Záhoř, indem er den Spuren der Reformatoren der Leichenbestattung folgte. Nach längeren Studien gelangte er zu einer vom mittelalterlichen Bestattungssystem abweichenden Einstellung. Er erklärte, dem modernen Menschen genüge es, sich erst *nach* dem Tode verbrennen zu lassen.
Gegen diese neumodische Idee macht jedoch die offizielle katholische Kirche geschlossen Front. Sie kann sich von ihrer alten Gewohnheit, Menschen lebendig zu verbrennen, nicht sofort befreien, obwohl in der Bibel nichts zu finden ist, was es ihr verbieten würde. Dem Geist des Katholizismus widerstrebt es aber offenbar, tote Menschen zu verbrennen, weil die Heilige Schrift verkündet: »Vom Staube bist du und zu Staube sollst du wieder werden«, und keineswegs »Von Asche bist du und zu Asche sollst du wieder werden«, so daß es der katholischen Kirche in erster Linie nur um den Staub, genauer gesagt – um den goldenen Staub, geht.
Auf der ganzen Welt gibt es nur wenige Menschen, die sich mit dem Schicksal des Menschen nach dem Tode so liebevoll befaßten, wie Herr Dr. Záhoř es getan hat. Einmal hörte ich ihn auf einer Versammlung des Vereins für Leichenverbrennung reden, und seine mit glühender Begeisterung vorgetragenen Worte werde ich nie vergessen. Zu solcher Ekstase können nur diejenigen fähig sein, die es mit der Begeisterung ganz aufrichtig meinen. Seine Augen waren vom heiligen Feuer erleuchtet, als er feierlich verkündete:
»O glauben Sie mir, verehrte Freunde, der wunderbarste Augenblick im Leben des Menschen ist der, wenn wir uns verbrennen lassen. Zufrieden und erleichtert schlummert der Verstorbene in seinem Sarg und vergegenwärtigt sich, ›jetzt werde ich nach Gotha oder nach Žitavy gefahren, liege in einem eleganten, geschmackvollen Sarg, fahre auch nach dem Tod erster Klasse, werde gleich ohne umständliche Zeremonien mittels modernster Maschinen in den Verbrennungsofen gesteckt und verbrenne ohne Gestank.‹ Dieses Erlebnis haben zu dürfen, das wünsche ich Ihnen, meine Damen und Herren! Stellen Sie sich diese Wonne vor: ›Ich verbrenne ohne Rauchentwicklung!‹ Diese Freude, sehr verehrte Damen und Herren, als Verstorbener im gemütlich eingerichteten Sarg alles abschließend zu bedenken und dann sagen zu dürfen: ›Meine Knochen werden nicht im Grabe 'rumliegen, ich werde hübsch zu Hause in einer

Urne aufbewahrt, ich zerfalle nicht zu Staub, sondern verbrenne zu Asche.‹ Und da ist der Selige, liebe Freunde, von ganzem Herzen froh, daß er zu Lebzeiten einem Krematorien-Verein beigetreten ist und jährlich 20 Kronen Beitrag gezahlt hat. Denn dieser Verein bietet Ihnen für nur 20 Kronen die Möglichkeit, sich schon nach einem oder zwei Jahren, ganz wie es Ihnen gefällt, verbrennen zu lassen...«

Bei der Versammlung waren auch die Gegner der Leichenverbrennung aus kirchlichen Kreisen anwesend. Ihr Sprecher Pater Jemelka klagte die Befürworter der Leichenverbrennung mit den Worten an:

»Sehr verehrte Damen und Herren! Ich habe nichts gegen Herrn Dr. Záhoř. Er ist ein verdienstvoller Bürger, der hier seine eigene Meinung über das Schicksal des Menschen nach dem Tode vertritt. Dem möchte ich jedoch meine Meinung entgegenhalten, die mit den Vorschriften der Kirche in Einklang steht. Mit Ihrer Erlaubnis, verehrte Damen und Herren, fange ich mit der Bibel an, in der bekanntlich vom Jüngsten Gericht die Rede ist. Dort steht geschrieben, erst wenn der Engel mit seiner Posaune am Jüngsten Tag ein Zeichen gibt, werden die Toten aus ihren Gräbern auferstehen. Und ich betone, ›aus den Gräbern‹, meine sehr verehrten Damen und Herren, und nicht aus Krematorien!

Stellen Sie sich doch nur folgendes vor: Sie sind aus dem Leben geschieden und werden nach Gotha gefahren. Über was können Sie während der Fahrt schon nachdenken? Sie sterben ja in dem verlöteten Sarg aus Angst und zittern in Ihrem Totenhemd aus Furcht vor dem, was nach Ihrer Verbrennung geschehen wird. Ihre Asche kommt in die Urne, die Urne wird irgendwo in der Küche aufgestellt, und ein Liebhaber Ihrer verwitweten Ehefrau klopft eines Tages seine Pfeife in Ihrer Urne aus. Beben Sie nicht geradezu vor Aufregung, wenn Sie sich vorstellen – wie der Engel Sie mit seiner Posaune zum Jüngsten Gericht ruft, und Sie vor dem Angesicht des erzürnten Gottes als Pfeife erscheinen, aus der der Teufel später Schwefel rauchen wird? Wie würden Sie sich dann fühlen, verehrte Christen?«

Er setzte sich, und ich meldete mich zu Wort.

»Auf die vom hochwürdigen Pater Jemelka gestellten Fragen erlaube ich mir folgendermaßen zu antworten: Solche Pfeife

würde sich sehr schlecht fühlen. Warum? Das möchte ich Ihnen an folgendem Beispiel erklären.
Im Jahre 1850 sind bekanntlich in der Nähe von Havanna 272 Geistliche von meuternden Schwarzen getötet worden. Ihre Leichen wurden unweit der Stadt begraben, d. h. nach dem katholischen Ritus bestattet. Das Fleisch hatten die Maden aufgefressen, es waren nur die Knochen zurückgeblieben. Ein Farmer, ein sehr tüchtiger Geschäftsmann (er lebt bereits in der Hölle und kocht im Papinschen Topf), ließ die Knochen der Geistlichen einsammeln, zermahlte sie zu feinem Staub und machte daraus einen künstlichen Dünger, den er über seine Tabakplantagen streuen ließ. Und jetzt gedeiht dort ein vorzüglicher Tabak. Nun stellen Sie sich vor, der Engel ruft sie mit seiner Posaune zum Jüngsten Gericht, und die Geistlichen treten vor das lächelnde Gesicht des Herrn in Form von Tabakpäckchen. Da gäbe der Herr sofort den Befehl, die heiligen Tabakpäckchen sollten in die sündhaften Pfeifen gestopft werden, und auf diese Weise sollten die Pfeifen unentwegt daran erinnert werden, daß sie gegen Gott gesündigt haben, weil sie sich nach dem Tod verbrennen ließen. Deshalb erwidere ich auf die Frage des hochwürdigen Paters Jemelka ›Verehrte Christen, wie würden sich die Pfeifen fühlen?‹ mit ›Verehrte Christen, sehr schlecht, verdammt schlecht!‹«
Nach meiner Rede trat Herr Dr. Záhoř mit strahlendem Gesicht auf mich zu, klopfte mir auf die Schulter und rief erfreut: »Hier ist meine Hand darauf, lieber Freund, daß wir Sie gratis verbrennen werden.«
Und so nahm ich heute die sich mir bietende Gelegenheit wahr, Herrn Dr. Záhoř in aller Öffentlichkeit für seine große Nächstenliebe zu danken.

Die Geschichte von den Wanzen

Der Frühling kam. Die Natur erwachte aus ihrem Winterschlaf, und mit ihr kehrten auch die Wanzen im Gefängnis ins tätige Leben zurück. Die Zelle, in der die politischen Häftlinge einsaßen, wurde von wahren Wanzenschwärmen heimgesucht. »Das ist ein Fingerzeig Gottes«, sagten die Wächter. Leider stank dieser Gottesfinger sehr abstoßend, und wenn man ihn berührte, merkte man, daß er einen herzförmigen Rückenschild, ein eiförmiges Hinterteil, einen braunroten Leib, einen kleinen Kopf und einen sehr dünnen Saugrüssel hatte, der sich aufrichtete, wenn er stechen wollte.

Auf einen politischen Gefangenen entfielen durchschnittlich fünftausend Wanzen, acht Wächter, ein Oberaufseher, ein Gefängnisoffiziant und der siebente Teil des Gefängnisleiters, weil es in diesem Gefängnis sieben politische Häftlinge, fünfunddreißigtausend Wanzen, sechsundfünfzig Wächter, sieben Oberaufseher, sieben Offiziante und einen Gefängnisleiter gab.

Ein politischer Häftling verträgt eine ganze Menge, aber auch seine Geduld kennt Grenzen. So kam es, daß die politischen Gefangenen sich beschwerten.

Die Gefängniswächter zuckten die Achsel. »Ich bitte Sie, meine Herren«, sagte einer, »was wollen Sie denn mehr? Wir dürfen Sie nicht würgen, Sie haben Ihre eigene Wäsche, Sie haben Ihre Bücher, Sie können schreiben, Sie können denken, und der Gefängnisleiter verhält sich Ihnen gegenüber wie ein Vater. Was wollen Sie denn mehr? Wanzen sind doch nicht so schlimm. Es gibt schlimmere Tiere als Wanzen auf der von Gott geschaffenen Welt: zum Beispiel Löwen und dergleichen. Und daß die Wanzen Ihr Blut saugen? Mein Gott, jeder will halt leben. Dafür ist der Schöpfer aller Wesen verantwortlich, der aus Wanzen keine Vegetarier gemacht hat. Wenn Wanzen Vegetarier wären, würden sie das staatliche Mobiliar anbeißen, und die Pflicht des Staates wäre es, sie auszurotten. Aber unter den gegebenen Umständen ist die ganze Angelegenheit nicht so einfach. Den Herren bleibt nichts anderes übrig, als von der Waffe der Selbstverteidigung Gebrauch zu machen. Doch das Maß der Selbstverteidigung darf selbstverständlich nicht überschritten werden, zum Beispiel dürfen die Wanzen nicht auf den Wänden verschmiert werden. Die Herren können sich allenfalls beim Gefängnisoffizianten beschweren, wenn er wieder zur Inspektion kommt.«

Der Gefängniswächter erklärte noch, daß auch das wahrscheinlich zu nichts führen würde, zuckte die Achseln und verließ verärgert die Zelle.

Als der Offiziant zur Inspektion kam, zeigte er sich über die Beschwerden der Gefangenen befremdet. Was um Gottes willen sich die Herren dabei gedacht hätten? Wie es überhaupt möglich sei, daß in einem staatlichen Gefängnis Wanzen auftauchten? Nein, das könnte er einfach nicht glauben. Das hätten sich die Herren doch selber eingeredet. Er solle sich davon überzeugen? Die Herren würden von ihm etwas verlangen, was nicht in seinen Tätigkeitsbereich fiele. Er sei für die Verpflegung der Gefangenen zuständig und nicht für die Wanzen. Und wenn tatsächlich Wanzen von der Decke ins Essen herunterfielen, das sollten die Herren doch nicht so tragisch nehmen. Eine Wanze sei schließlich kein Gegenstand, den man nicht herausfischen könnte. Obwohl ihn diese Angelegenheit gar nichts anginge, werde er trotzdem alles tun, was in seiner Macht stünde, um den Herren zu helfen. Heute gehe man mit politischen Häftlingen doch ganz anders um. Auf höchste Anordnung aus dem Jahre 1886 dürfe man sie nicht duzen, nicht ohrfeigen, nicht würgen – über irgendwelche Wanzen sei aber leider kein Wort vermerkt worden. Nichtsdestotrotz würde er nächste Woche seinen Kollegen zur Inspektion herüberschicken, der selbstverständlich alles unternehme, was in seiner Macht stünde.

Die ganze Woche hindurch stürzten sich die Wanzen mit doppeltem Appetit auf die politischen Häftlinge, als wüßten sie, daß sie in der höchsten Anordnung vom Jahre 1886 gar nicht erwähnt worden waren. Und da sagt man immer, Tiere hätten keinen Verstand.

Als der zweite Offiziant die politischen Gefangenen inspizierte, traf er sie bei einer trübseligen Durchsuchung ihrer Strohsäcke an.

»Was machen Sie denn da?« rief er zornig aus, »Wer hat es Ihnen

erlaubt, die Strohsäcke zu durchsuchen? Was? Geht Ihre Phantasterei über Wanzen schon bis in die Strohsäcke? Tun wir nicht alles, was in unserer Macht steht, für Sie? Bin ich nicht selbst gekommen, um mich persönlich zu informieren? Was ist das für eine Geschichte mit den Wanzen?
Daß es Tausende von ihnen gibt? Nun, meine Herren, einige werden schon nachgeben. Ich habe übrigens noch nie gehört, daß Wanzen jemanden aufgefressen hätten. In dieser Hinsicht haben Sie wirklich nichts zu befürchten. Sie sind doch alle stark und gesund. Sehen Sie, und darin liegt der Fehler. Sie bekommen eine Kost, die blutbildend wirkt. Sie haben also zuviel Blut und reizen damit die Wanzen. Ich zumindest sehe die Sache so. Wenn Sie nur Graupen mit Erbsen bekommen würden, gingen die Wanzen Ihnen mit Sicherheit aus dem Wege. Aber politische Häftlinge sind heute ja große Herren. Sie müssen bessere Kost bekommen. Wo gab es das früher? Es geht Ihnen nicht schlecht, meine Herren, was? Man darf Sie nicht einmal duzen, und wenn es heute jemand wagen würde, Ihnen die Zähne auszuschlagen, wie es früher öfters vorgekommen ist, oder Sie auszupeitschen, der hätte sich was Nettes eingebrockt. Früher hat ein politischer Gefangener eine Ohrfeige bekommen, daß er die Sterne sah, und wenn er sich beschwert hat, wurden ihm Ketten angelegt, falls er sie vorher nicht schon getragen hat. Hin und wieder ist es auch vorgekommen, daß ein Gefangener totgeschlagen wurde. Würde es heute jemand wagen, einen von Ihnen totzuschlagen, meine Herren? Sehen Sie, so ändern sich die Zeiten, dank der höchsten Anordnung vom 15. Mai 1886. Was tun Ihnen die Wanzen schon Böses an? Im übrigen aber werde ich alles für Sie tun, was in meiner Macht steht. Schreiben Sie einen Beschwerdebrief, und ich werde ihn an die Gefängnisverwaltung weiterleiten. In einer Woche hole ich ihn ab.«
In der darauffolgenden Woche vermehrten sich die Wanzen in der Zelle der politischen Häftlinge in ungeheurem Ausmaß. Die Wanzenmütter berührten ihre Wanzenkinder mit ihren Saugrüsseln und teilten ihnen mit, daß Sie in der höchsten Anordnung aus dem Jahre 1886 an keiner Stelle erwähnt worden seien. Und sie ermahnten ihre Sprößlinge: »Genaugenommen vom 15. Mai 1886 an. Vergeßt dieses Datum nicht, allerliebste Kinderchen!«

Nach einer Woche erhielt der Gefängnisleiter folgende schriftlich verfaßte Bitte der politischen Häftlinge:

Verehrte Gefängnisleitung!
Hiermit erlauben wir uns, die verehrte Gefängnisleitung ehrerbietig darum zu bitten, unsere Zelle Nr. 8 säubern zu lassen, in der sich, während wir diese Zeilen schreiben, eine unüberschaubare Menge von Wanzen aufhält. Wir hoffen, daß die verehrte Gefängnisleitung unsere Bitte freundlichst zur Kenntnis nehmen und für die Beseitigung dieses Mißstands Sorge tragen wird.

(Unterschriften)

Der Gefängnisleiter dachte sorgfältig nach. Fielen Wanzen überhaupt in den Bereich seiner Kompetenzen? Er mußte sich doch um Häftlinge und nicht um Wanzen kümmern. Und wenn die Wanzen freiwillig die Zelle mit den Häftlingen teilen wollten, konnte er etwas dagegen unternehmen? Schließlich war es das erste Mal im Laufe seiner langjährigen Tätigkeit in diesem Gefängnis, daß sich jemand wegen Wanzen beschwerte. Was sollte er in diesem Fall tun? Gab die Gefängnisordnung für die Leiter der Strafanstalten einen Hinweis?
Nach längerer Überlegung hob der Leiter einige Vergünstigungen für die politischen Gefangenen auf und schickte dem Justizministerium folgendes Schreiben:

Hohes Justizministerium!
Hiermit teilt Ihnen die unterzeichnende Gefängnisleitung mit, daß sich in der Zelle Nr. 8, in der politische Häftlinge verwahrt werden, die gemeine Wanze oder Alánthia lectulásia im hohen Maße vermehrt hat, und bittet das hohe Justizministerium, freundlichst Stellung zu nehmen, wie in Zukunft in ähnlichen Fällen vorgegangen werden soll.

Nach einem Monat bekam der Gefängnisleiter diesen Bescheid:

Nach sorgfältigen Überlegungen hat das unterzeichnende Justizministerium beschlossen, eine amtliche Untersuchung in allen Strafanstalten durchzuführen und gleichzeitig einen Juristenkongreß in der Reichshauptstadt einzuberufen, wo diese wichtigen Fragen erörtert und weitere Prognosen aufgestellt werden sollen. Wir legen diesem Brief ein Rundschreiben bei, das nach Komplettierung unverzüglich an das Justizministerium zurückgeschickt werden muß.

Rundschreiben:

Wieviel Eier legt eine Wanze in Ihrer Strafanstalt schätzungsweise unter normalen Umständen in einer Woche?
Wie lange dauert es, bis die Wanzen in Ihrer Strafanstalt ihre normale Größe erreicht haben?
Welchen Einfluß üben die Wanzen auf das Wohlverhalten der Häftlinge aus?
Zu welchen Zeiten fallen die Wanzen besonders gerne über die Gefangenen in Ihrer Strafanstalt her?
Wie beeinflußt das Fasten einzelner Häftlinge die Lebensbedingungen der Wanzen?
Wie verhalten sich die jungen Strafgefangenen den Wanzen gegenüber?
Wurden in Ihrer Strafanstalt Folterungen an schwangeren Wanzen beobachtet? Wie hat sich die Seelsorge Ihrer Strafanstalt in solchen Fällen verhalten?
Die Antworten auf diese Fragen sollen von der Leitung Ihrer Strafanstalt ermittelt werden, die ihrerseits auch die volle Verantwortung für die Richtigkeit der Angaben übernimmt.
Ausgestellt im Justizministerium, am . . .

Nach einem halben Jahr bestanden die politischen Häftlinge nur noch aus Haut und Knochen, so hatten die Wanzen zugelangt und damit der Menschheit einen ungeschätzten Dienst erwiesen. Das Justizministerium veranstaltete einen Kongreß in der Reichshauptstadt, wo über den Schutz der Wanzen in den Strafanstalten beraten wurde. An diesem Kongreß nahmen auch der Adel, die Bischöfe und die renommiertesten Juristen des ganzen Reiches teil.

Der Lausbubenstreich des Herrn Čaboun

Vielleicht ist es auch Ihnen schon passiert, daß man Sie aus heiterem Himmel beschimpfte. Sie verlassen morgens das Haus und sind felsenfest davon überzeugt, der anständigste Mensch von der Welt zu sein. Da begegnet Ihnen ein Bettler, ein Opa, dem Sie einen Heller geben. Er aber wirft Ihnen das Geldstück vor die Füße und schreit Sie an: »Du Geizhals!« Also wissen Sie bereits am frühen Morgen, daß Sie ein Geizhals sind. Im Laufe des Vormittags erfahren Sie außerdem, daß Sie ein Scheusal sind. Das sagt Ihnen eine alte Dame in der Elektrischen, der Sie aus Versehen auf den Fuß traten. Ihre gute Laune ist nun endgültig vorbei, Sie wollen sofort nach Hause zurückkehren. Im Hauseingang prallen Sie mit einem Mann zusammen, der ein unförmiges Paket trägt. Er rempelt Sie an, daß Sie fast den Atem verlieren, und fährt Sie auch noch an: »Können Sie nicht aufpassen, Sie Trampel?« Sie wollen sich verteidigen, doch der Mann legt das Paket auf den Boden, und Sie ziehen es vor, sich sang- und klanglos in Ihre Wohnung zurückzuziehen. Morgens waren Sie noch der Überzeugung, Sie seien ein Mensch mit Charakter, und mittags kehren Sie heim als Geizhals, Scheusal und Trampel.

Derartiges ist Herrn František Čaboun noch nie widerfahren. Er war ein anständiger Mensch, ein fürstlicher Bibliothekar im Ruhestand. Ein reizender alter Herr, der vom Geist des Humanismus im wahrsten Sinne des Wortes durchdrungen wurde, als er in der fürstlichen Bibliothek die Bände der humanistischen Schriftsteller geordnet hatte. Von den wohlklingenden Versen der Klassiker war sein Geist dermaßen ergriffen worden, daß er sie ständig wiederholen mußte: »Belieben zu wünschen? Würden gestatten, ich bitte höflichst!« Er war ein Blumenliebhaber, und die Fuchsien hinter seinem Fenster erfreuten sich der Aufmerksamkeit vieler Passanten.

Eines schönen Tages begoß Herr Čaboun seine Blumen. Dabei kitzelte ihn, als er zum Himmel emporblickte, ein Sonnenstrahl an der Nase. Er nieste, die kleine Gießkanne zitterte in seiner Hand wie bei einem Erdbeben, und ein Teil ihres Inhalts ergoß sich auf das Trottoir. Hinter der Gardine versteckt, beobachtete Herr Čaboun mit Entsetzen, wie unten auf der Straße ein Herr mit schwarzem Vollbart die Wassertropfen von seinem Rock schüttelte und schrie: »Das ist doch ein Lausbubenstreich!« »Freilich ist das ein Lausbubenstreich!« beteuerte ein anderer Passant.

Herr František Čaboun hinter der Gardine bebte vor Angst, schlich auf Zehenspitzen in sein Schlafzimmer, zog sich aus, schloß die kleine Gießkanne im Schrank ein und legte sich am hellichten Tag ins Bett.

»Ich bin also ein Lausbub«, seufzte er, »auf meine alten Tage ein Lausbub, ich, der immer so anständig war.« Er kniff die Augen zusammen und hörte die scharfe Stimme rufen: »Das ist doch ein Lausbubenstreich!« Es war das allererste Mal, daß er in seinem Leben von jemandem beschimpft worden war. Vor Entsetzen war ihm beinahe schwindelig. Abends setzte er sich an den Tisch und schrieb und schrieb, einen Brief nach dem anderen. Am Nachmittag des folgenden Tages erhielten die Redaktionen aller Prager Tageszeitungen folgende Erklärung des Herrn František Čaboun:

Hochverehrte Redaktion!

Hiermit wende ich mich mit der inständigen Bitte an Sie, mir um meiner Ehre willen eine kleine Rubrik in Ihrer hochgeschätzten Zeitung zur Verfügung zu stellen, damit ich richtigstellen kann, was gestern nachmittag kurz vor vier in der Karmeliterstraße passiert ist.

Ich bin ein begeisterter Züchter von Fuchsien. Während ich sie goß, mußte ich niesen und bespritzte dabei versehentlich einen Herrn mit schwarzem Vollbart, der gerade zufällig unten auf dem Trottoir vorbeiging. Der unglückliche Vorfall wurde irrtümlich als ›Lausbubenstreich‹ bezeichnet. Ich bin aber schon ein älterer Herr, ein fürstlicher Bibliothekar im Ruhestand. Die Öffentlichkeit wird einsehen, daß ich wohl kaum in böser Absicht jemanden vom Fenster aus bespritzen wollte. Nie im Leben habe ich Schabernack getrieben und bin deshalb weit davon entfernt, jemanden mit Wasser begießen zu wollen. Ich hoffe, daß die hochverehrte Redaktion für diese meine

Richtigstellung Platz in Ihrer Zeitung findet, wofür ich im voraus danke und verbleibe, als Ihr sehr ergebener
František Čaboun
Fürstlicher Bibliothekar im Ruhestand.

In den Redaktionen blickten die Redakteure einander an, tippten sich bedeutungsvoll an die Stirn und meinten: »Naja, wieder ein Paranoiker!«
Die Erklärung des Herrn Čaboun wurde von keiner Zeitung abgedruckt. Darüber betrübt überlegte Herr Čaboun, auf welche Weise er sich nun in der Öffentlichkeit rehabilitieren könnte.
Dann setzte er in alle Zeitungen folgendes Inserat:

Jener Herr, der am Donnerstag, dem 15. September, versehentlich mit Wasser bespritzt wurde, wird höflichst gebeten, sich zwecks näherer Bekanntschaft in der Karmeliterstraße Nr. 27 einzufinden. František Čaboun, Fürstlicher Bibliothekar im Ruhestand.

Es kam niemand. Er erhielt lediglich einen anonymen Brief mit folgendem Wortlaut:

Erst jetzt begreife ich, was für ein Lausbub Sie sind, wenn Sie über den Vorfall noch Witze reißen können!

»Wenn ich dem Herrn wenigstens begegnen würde!« seufzte Herr Čaboun verzweifelt, »dann wäre alles gut. Ich würde ihm alles genau erklären und mich auf diese Weise rechtfertigen.«
Der ganze Vorfall lag ihm schwer auf der Seele. Eines Tages konnte er sich nicht länger beherrschen und sprach seine Hauswirtin darauf an: »Was meinen Sie, Frau Mlíčková, bin ich ein Lausbub?«
»Gott behüte, gnädiger Herr«, rief die Hauswirtin, »Sie sind doch ein so liebenswürdiger Herr.«
Zufrieden kehrte Herr Čaboun in seine Wohnung zurück. Er hatte sein altes Gleichgewicht zurückgewonnen. Die Worte seiner Hauswirtin bewirkten, daß er sich augenblicklich

daranmachte, seine Fuchsien mit der kleinen Gießkanne zu begießen.
Wie er sich anschickte, das Wasser in die Blumentöpfe rinnen zu lassen, erblickte er unten auf dem Trottoir den Herrn mit dem schwarzen Bart – jenen begossenen Bürger, der sich in seine Nachtträume eingeschlichen hatte.
»Würden gestatten?« – »Ich bitte höflichst!« rief er erfreut vom Fenster aus hinunter, in der Hoffnung, den unglücklichen Vorfall jetzt endlich aufklären zu können.
Der Herr mit dem schwarzen Vollbart setzte aber, ohne mit der Wimper zu zucken, seinen Weg fort.
Herr František Čaboun stürmte so wie er war, nur in Hemd und Hose, mit der kleinen Gießkanne in der Hand auf die Straße hinunter. Er lief durchs Haustor, holte alsbald den Herrn mit dem schwarzen Vollbart ein und rief: »Würden bitte gestatten, begossener Herr?«
Als der Angesprochene den atemlosen Herrn Čaboun mit der Gießkanne in der Hand erblickte, fuhr er zusammen und dachte: »Jesuschrist! Er will mich schon wieder bespritzen!« und ergriff die Flucht. Ihm hinterher Herr Čaboun mit verzweifelten Rufen: »Würden gestatten? Ich bitte höflichst...«
An der Straßenecke stand ein Wachmann. Unter seinen ausgebreiteten Armen suchte der Herr mit dem schwarzen Vollbart Schutz wie ein Küken unter der Glucke. Als Herr Čaboun außer Atem angerannt kam, prallte er mit dem Wachmann zusammen. Der Inhalt seiner Gießkanne ergoß sich auf die dienstliche Uniform des strengen Polizisten.
Am nächsten Tag brachten alle Zeitungen folgende Meldung:

Lausbubenstreich des Herrn Čaboun.
In der Karmeliterstraße Nr. 27 wohnt František Čaboun, Fürstlicher Bibliothekar im Ruhestand, der sich dadurch vergnügt, daß er Passanten von seinem Fenster aus mit Wasser bespritzt. Gestern versuchte er sogar den Vizerat Dr. Wollner zu begießen, und das schon zum zweiten Mal. Als ein Polizist einschritt, bespritzte er auch diesen, so daß er aufs Kommissariat gebracht werden mußte. Nach einem Verhör wurde er wieder auf freien Fuß gesetzt.

Seither war Herr František Čaboun ein Sonderling.
Eines Tages warf er alle Blumentöpfe vom Fenster auf die Straße hinunter. Jetzt arbeitet er im Garten der Irrenanstalt Bohnice.
Er gießt dort die Blumenbeete.

Porträt der Realistischen oder Fortschrittlichen Partei

Laut Brehm sind Realisten Lebewesen, die Gefühle haben, in deren Venen warmes rotes Blut fließt, die Nachwuchs in die Welt setzen und diesen mit der eigenen Milch ernähren, kurzum: Realisten sind Säugetiere. Das ist ziemlich realistisch ausgedrückt. Hoffentlich vergibt mir Herr Dr. Chalupný, daß ich auch ihn den Säugetieren zuordne. Ich zähle ihn zu den zweihändigen Säugetieren (biman), die, wieder nach Brehm, eine einzigartige Familie bzw. Spezies bilden, die sogenannte ›Menschheit‹, deren engste Verwandte – laut Brehm – die Affen (pithec) sind.

Da ich die Empfindlichkeit der Vertreter der Fortschrittlichen oder Realistischen Partei kenne, verweise ich Herrn Dr. Chalupný auf Brehm, der behauptet hat, daß die engsten Verwandten des Dr. Chalupný Affen (pithec) seien. Wagler differenziert innerhalb der Säugetiere noch genauer und hält die Verwandten des Dr. Chalupný für das ›groteske Abbild des Menschen‹. Von dieser Feststellung werden alle Anhänger der Fortschrittlichen oder Realistischen Partei sicherlich sehr beeindruckt sein. Denn man bemüht sich dort, alles bis ins kleinste Detail zu ergründen und neue Definitionen zu erstellen. Stets ist man auf der Suche nach einwandfreiem Quellenmaterial. Damit beschäftigt sich vor allem Dr. Chalupný, der bereits so viele Quellen entdeckt hat, daß man mit ihnen die unwirtlichen trockenen Wüsten der Sahara in ein florierendes Wohlstandsland verwandeln könnte.

Doch kommen wir nun von den Affen (pithec) direkt zu den Mitgliedern der Realistischen oder Fortschrittlichen Partei, zur Bedeutung ihres Parteiprogramms und ähnlichen vielversprechenden Angelegenheiten.

Realisten sind Anhänger des Realismus. Dieser Satz ist sehr geistreich. So, wie er alles besagt, besagt er zugleich auch nichts. Da selbst Realisten behaupten, wenn sie den Realismus erläutern, daß er etwas Greifbares sei, sind also Professor Masaryk [1918 der erste Präsident des unabhängigen tschechoslowakischen Staates], Dr. Drtina [Innenminister in der Regierung Masaryk], Dr. Chalupný, Machar und andere Anhänger wohl ebenfalls greifbar. Dennoch darf niemand sie angreifen.

Es gibt den praxisorientierten und den theoretischen Realismus. Der theoretische Realismus ist ein metaphysischer und in der Praxis anerkannter Realismus. Dann gibt es noch den transzendentalen, den naturwissenschaftlich orientierten und den idealen Realismus. Die Vertreter der Realistischen oder Fortschrittlichen Partei kennen sich in diesen Differenzierungen selbst nicht so genau aus. Ihren Zwecken dient der politische Realismus.

Dr. Chalupný schrieb einmal, daß der politische Realismus ein metaphysischer und auf der Ebene der Praxis des idealen Realismus ein theoretisch anerkannter Realismus sei.

Da blickt man auch nicht so genau durch. Eine konkrete Entsprechung wäre vielleicht die folgende: jemand kauft sich Äpfel, ißt aber Pflaumen, deren Kerne er einpflanzt, und aus ihnen wachsen Datteln. Etwas Ähnliches wollte Dr. Chalupný wohl zum Ausdruck bringen. Noch kürzer drückte sich ein Lehrer aus, Mitglied der Realistischen oder Fortschrittlichen Partei: »Der politische Realismus ist der Realismus der Politik!« Herrlich! Dieser Satz wurde in ›Die Zeit‹ im Leitartikel zitiert und besagt etwa so viel wie, daß Jan Herben Herben Jan heißt.

Solche Sätze offenbaren, wie geistreich die Vertreter der Fortschrittlichen oder Realistischen Partei sind. Sie sind eine Partei der Philosophen. Während einer Sitzung des Parteiausschusses der Fortschrittlichen oder Realistischen Partei sah der Vorsitzende die vierundzwanzig Mitglieder an und sagte: »Wir sind die größte Partei!« Auch dieser Satz tauchte natürlich in einem Leitartikel der ›Zeit‹ auf. Zwei bedeutsame Bemerkungen wurden also bereits festgehalten: »Der politische Realismus ist der Realismus der Politik.« – »Wir sind die größte Partei.« Hinzu kam noch ein dritter Satz, den ein Student, ebenfalls Parteimitglied, formulierte: »Der Agnostizismus im Realismus ist der Realismus im Agnostizismus.« Das ist, als ob jemand behauptet: »Ich erkenne die Ohrfeige in der Ohrfeige der Erkenntnis.« (Ich füge nur hinzu, daß jenes Mitglied, eine große Hoffnung innerhalb der Realistischen oder Fortschrittlichen Partei, nicht geohrfeigt wurde.)

Was für ein Leben führen die Mitglieder der Realistischen oder Fortschrittlichen, der transzendentalen und metaphysischen Partei?
Ein Mitglied dieser Partei, das davon überzeugt ist, daß der politische Realismus ein metaphysischer und in der Praxis des idealen Realismus ein theoretisch anerkannter Realismus ist, kann nicht anders als vergrämt aussehen. Er ist Alkoholiker, häufig aber auch ein Abstinenzler, immer dann, wenn er weiß, daß er mit dieser Haltung einen großen Eindruck auf seine Umgebung machen kann.
Ein Mitglied der Fortschrittlichen oder Realistischen Partei bestellt in der Pilsener Brauerei Mineralwasser, und sobald am Nebentisch jemand Schweinebraten verlangt, bestellt er Blumenkohl mit Butter und dazu eine Mehlspeise. Dann lauert er seinem Opfer auf. Ein ahnungsloser Bürger betritt die Brauerei, setzt sich nichtsahnend dem verkappten Realisten gegenüber, der sofort mit scharfem Blick erhascht, welcher Partei sein Gegenüber die Stimme gibt. Der Bürger liest ›Das Volksblatt‹, der verkappte Realist dagegen ostentativ ›Die Zeit‹, wobei er seinem Gegenüber verstohlene Blicke zuwirft. Der Bürger hebt den Kopf und sieht, wie ihn, hinter der ›Zeit‹ notdürftig versteckt, zwei Augen fragend und streng beobachten.
Er senkt den Kopf und liest weiter. Nach einer Weile schaut er abermals hinüber und stellt fest, daß die Augen hinter der ›Zeit‹ ihn immer noch fixieren, diesmal aber strenger. Ist er ein nervöser Mensch, legt er die Zeitung jetzt beiseite, beugt sich über den Tisch, der Realist fällt vom Stuhl, und schon haben wir einen Skandal. Ist er jedoch nicht nervös, sondern ein schwacher Charakter, so nimmt er schnell ›Die Zeit‹, die ihm sein Gegenüber bereits unter die Nase geschoben hat, und in diesem Augenblick gerät er unter den Einfluß des metaphysischen, auf dem Idealismus basierenden, theoretisch anerkannten, politischen Realismus.
Daraus ergibt sich ein Gespräch, bei dem unser Realist die Weste seines Gegenübers mit Blicken durchbohrt. Er tröpfelt ihm die Prinzipien des Realismus direkt ins Herz hinein. Der arme Teufel weigert sich vergeblich. Er bekommt die Broschüre ›Programm der Realistischen Partei‹ in die Hand gedrückt, der Realist redet ohne Punkt und Komma lateinisch, griechisch und französisch, zitiert Masaryk und Drtina, beruft sich auf

Machar, rüttelt die Schultern des armen Teufels, gießt ihm Bier auf die Hose und ruft: »Sie kennen die Schrift über Havlíček von Dr. Chalupný nicht?« Er verlangt die Adresse des armen Teufels, begleitet ihn auf dem Heimweg, empfiehlt ihm, Herben zu lesen und die Zeitschriften ›Die Nachrichten‹ und ›Die fortschrittliche Revue‹ zu abonnieren, verspricht außerdem, daß ihm ›Die Zeit‹ zugeschickt wird, schwört, er würde ihn besuchen, um sich zu überzeugen, ob die bestellten Zeitschriften (er sagt schon die bestellten) tatsächlich angekommen sind, und versichert ihm mit einem Handschlag, daß er bei dieser Gelegenheit alle Schriften des Dr. Chalupný mitbrächte.
Danach geht er jedoch nicht sofort nach Hause. Er setzt sich in ein Café, wo er die Mitglieder seiner Partei trifft, blättert geschwind mehrere Zeitungen und Zeitschriften durch, für die Mitglieder der Fortschrittlichen oder Realistischen Partei nicht schreiben, und sagt zum Kellner: »Schaffen Sie diese Pornographie weg!« Erst dann geht er heim und legt sich ins Bett, nicht ohne dem Bildnis des Dr. Chalupný auf seinem Nachttisch einen schnellen, dankerfüllten Blick zugeworfen zu haben.
So handelt ein Mann, der Realist ist. Aber auch das Leben der realistischen Frauen trägt Früchte.
Realistische Frauen reden über Bildung, sie sammeln Daten über Prostitution, interessieren sich für literarische Neuerscheinungen und blicken auf andere Frauen von oben herab, weil diese nichts davon wissen, daß sie realistisch-praktische, realistisch-theoretische, metaphysische und transzendentalrealistische Frauen sind.
Sie werden sehen, es kommen noch Zeiten, wo die realistischen Frauen, Mitglieder der Realistischen oder Fortschrittlichen Partei, ihre Säuglinge in ›Die Zeit‹ statt in Windeln wickeln.
Und eines Tages erscheint im Feuilleton der ›Zeit‹ ein mit ›Politische Prostitution und William Scott‹ überschriebener Artikel, verfaßt vom vierjährigen Sohn des Dr. Chalupný.
Oder wird sich eines Tages vielleicht herausstellen, daß geniale Väter blöde Kinder haben? Die Mitglieder der Realistischen oder Fortschrittlichen Partei sind bekanntlich ziemlich empfindlich. Es könnte also eines Tages so weit kommen, daß sich keines ihrer Kinder zu dem eigenen Vater bekennen möchte.

Das glückliche Heim

Seit sechs Jahren bemüht sich die Zeitschrift ›Das glückliche Heim‹, herausgegeben von Herrn Šimáček, jeden Haushalt in Böhmen zufriedenzustellen und in jedermanns Ehe Glück und Frieden zu bringen. Ich konnte mich persönlich davon überzeugen. Alle zwei Wochen entströmen der Redaktion in der Jeruzalemstraße unentbehrliche Vor- und Ratschläge und verbreiten überall gute Laune. Ich für meine Person aber möchte am liebsten in Tränen ausbrechen.

Eine Woche nach unserer Hochzeit vertraute meine Ehefrau mir ein süßes Geheimnis an: Sie hatte ›Das glückliche Heim‹ abonniert.

»Heute ist die neueste Nummer eingetroffen, mit vielen nützlichen Anregungen. Du wirst sehen, daß es ein Gewinn für uns ist, wenn wir sie befolgen.«

Als ich von der Arbeit nach Hause kam, herrschte in der Küche Hochbetrieb. Meine Frau trat mir mit glückstrahlenden Augen entgegen und rief: »Es ist mir gelungen!« Sie nahm mich an die Hand und führte mich in die Küche. »Ich hab's genauso gemacht, wie es in ›Das glückliche Heim‹ empfohlen wird. Über die brasilianischen Nüsse habe ich kochendes Wasser gegossen und sie eine Viertelstunde ziehen lassen, dann schälen sich die Kerne wie von selbst.« Sie war außer sich vor Freude.

»Aber Schätzchen, was fällt dir denn ein, brasilianische Nüsse zu kaufen? Wer wird sie essen? Wozu brauchen wir sie?«

»Du Dummerchen«, erwiderte meine Frau, »hier steht es doch schwarz auf weiß: ›Man begießt brasilianische Nüsse mit kochendem Wasser... man kann sie auch fünf bis sechs Tage in kaltem Wasser einweichen.‹ Komm, du wirst sehen, daß deine Frau nicht gefaulenzt hat.«

Im Schlafzimmer roch es nach Kampfer. »Ich habe die Betten nach Anweisungen des ›glücklichen Heim(s)‹ mit Kampferöl poliert.« Ich sah, daß die Betten aus weißem Ahornholz dank

dieser Prozedur eine schwärzliche Färbung angenommen hatten.
»Aber sie sind jetzt schwarz«, wandte ich ein. »Das macht nichts«, antwortete sie mit süßer Stimme, »in ›Das glückliche Heim‹ gibt es die ›Sprechstunde‹ für Abonnentinnen, wo jede Fragestellerin auf ihre Fragen – alle möglichen Bereiche betreffend – Antwort bekommt. Ich werde mich erkundigen, wie man geschwärzte Möbel wieder weiß bekommt. Heute haben sie meine Frage nach der Herkunft des Eherings beantwortet. Ich lese es dir vor: ›Der Ring (J. H. in K.) wurde zur Bedeckung des menschlichen Körpers schon bedeutend früher als die Kleidung...‹«
Mir wurde schlecht, und ich legte mich aufs Kanapee. Unterdessen war mein liebes Frauchen nicht müßig. Nach den Anweisungen der letzten Nummer versuchte sie mit Wachs und Salz die nicht vorhandenen Rostflecken vom Bügeleisen zu entfernen. Sie legte meine trockenen Schuhe in Petroleum, um das Leder weich zu machen, sie beschmierte ihre Hände mit Tinte, um dann mit dem Saft reifer Weintrauben die Tintenflecken zu entfernen. Sie schickte unser Dienstmädchen Rotwein holen, weil sie ausprobieren wollte, ob Rotweinflecken aus der Wäsche tatsächlich wieder verschwinden, wenn man sie einen Tag lang in saurer Milch einweicht und anschließend mit kaltem Wasser spült. Endlich brachte das Dienstmädchen den Rotwein, und mein liebes, unermüdliches Frauchen begoß damit mein Hemd und weichte es in saurer Milch ein.
Danach kochte sie die Zahnbürsten aus, weil sie gelesen hatte: ›Kocht man die Zahnbürste aus, so ist sie länger haltbar.‹ Von den Zahnbürsten blieb nur der nackte Stiel übrig. Es versteht sich von selbst, daß sie mir den Vorwurf machte, unechte Zahnbürsten gekauft zu haben.
Dann spielte sie mit dem Wecker und hielt sich genau an die Anweisungen des ›Glückliche(n) Heim(s)‹, wo erklärt wurde, zum Eierkochen müsse man den Wecker auf die Minute genau einstellen und wenn er klingle, seien die Eier weich. Damit beschäftigte sie sich etwa eine Stunde.
Sie hielt mir auch vor, daß ich keine Paketgriffe mitgebracht hatte, aus denen sie kleine Bänkchen für Bestecke, Salzstreuerhalter und andere schöne Dinge hätte herstellen können, wie das bereits zahlreiche Abonnentinnen des ›Glücklichen

Heim(s)‹ getan hätten. In einem solchen Haushalt herrschte schieres Glück und heller Sonnenschein, behauptete meine Frau.

»Übrigens – das da führe ich jetzt auch bei uns ein«, sagte sie und reichte mir einen kurzen Artikel der letzten Nummer. Ich las: ›Wie erziehe ich den Raucher zur Sparsamkeit? Mein Mann kauft Zigarren in Kästchen zu hundert Stück. Jedesmal, wenn er ein Kästchen kauft, nehme ich unbemerkt von jeder Schicht drei bis vier Zigarren weg und verstecke sie. Wenn die Zigarren in dem Kästchen zur Neige gehen, lege ich eine oder zwei der versteckten Zigarren wieder hinein. So hält ein Zigarrenkästchen viel länger vor.‹

Selbstverständlich beschäftigte sich meine Frau den ganzen Abend über mit dem ›Glücklichen Heim‹.

Sie stellte ein Wurstbrettchen her, einen Holzrahmen zum Trocknen der Wollstrümpfe und zu guter Letzt noch einen Kleiderbügel für ein Prinzessinnenkleid. Da sie aber ein solches Kleid nicht besaß, verlangte sie von mir, daß ich es ihr kaufe.

Dann strich sie den Wäschekorb mit weißer Ölfarbe an und trug ihn an meinem schwarzen Anzug vorbei, den das Dienstmädchen gerade ausgebürstet hatte. Strahlend kam sie mit der Nachricht zurück, jetzt müsse sie eine weitere Frage an die Redaktion des ›Glückliche(n) Heim(s)‹ richten, wie weiße Ölfarbe von einem schwarzen Herrenanzug herunterzubringen sei.

»Wir Abonnentinnen« sagte sie, »arbeiten füreinander. Jede beantwortete Frage bietet allen Leserinnen die Möglichkeit, ihre Familie noch glücklicher zu machen. Und wir beide wollen doch sehr glücklich sein. Morgen hilfst du mir, unsere Toilette so einzurichten, wie es hier vorgeschlagen wird. Wir bekleben die Wände mit schwarzen und weißen Pappquadraten.«

Nachts mußte ich eine Weste tragen, weil in dem Artikel ›Sich abhärten, aber richtig!‹ zu lesen war, daß der große englische Hygieniker Herbert Spencer immer mit einer Weste bekleidet zu schlafen pflegte.

Schon um drei Uhr morgens rasselte der Wecker. »Wir müssen aufstehen«, sagte meine Frau, »ich habe gelesen, daß man von drei bis sieben Uhr morgens zu geistigen Hochleistungen

fähig ist. Das ›Glückliche Heim‹ hat einen Preis von dreihundert Kronen für die Abonnentinnen ausgeschrieben, die der Zeitschrift das beste Rezept für die Resteverwertung von Kapaunen und Hühnern zuschicken. Hilf mir nachdenken!«
Um sechs Uhr sagte sie mir, ich sei ein Idiot, weil ich seit drei Stunden vor mich hinstarre und mir nichts einfalle.
Von sechs bis halb sieben erklärte sie mir, daß mehrere dicke Folianten ein beredtes Zeugnis vom moralischen Verfall und den schlimmsten Verbrechen der Männer ablegten. Eine intelligente Frau mit moralischer Kraft könne nie so unnütz und gemein sein wie ein Mann, und doch beanspruche der Mann für sich, die Krone der Schöpfung zu sein; seinen Befehlen, und seien sie auch noch so despotisch, habe die Frau sich zu unterwerfen, die arme, bedauernswerte Frau.
So redete sie eine halbe Stunde lang, sie sagte, sie fühle klar und deutlich, wie die ganze menschliche Gesellschaft der Frau gegenüber sündige, wenn sie von ihr verlange, alles schweigend zu erdulden, und sie selbst würde lieber in den Tod gehen, als ein solches Leben zu führen, aber der Gedanke an die Kinder halte sie davon ab, ihren Qualen ein Ende zu machen.
»Aber du hast doch gar keine Kinder...«
»Das ist völlig egal und geht dich gar nichts an«, erwiderte sie energisch, »ihr Männer, ihr könnt gar nichts, außer uns arme Frauen zu unterdrücken. Niemand setzt sich für die Frauen ein, kein Gesetz schützt sie, Frauen sind ihren Peinigern schutzlos ausgeliefert. Ach, wie ich mich schon freue, daß du gleich aus dem Haus gehst. Du stehst mir nur im Wege, ich muß im ›Glückliche(n) Heim‹ ein Rezept finden, damit ich heute wieder etwas Besonderes kochen kann.«
»Aber Schätzchen«, sagte ich eingeschüchtert, »es muß ja nichts Besonderes sein, koch doch etwas ganz Normales.«
Darauf gab sie mir keine Antwort.
Während des ganzen Vormittags plagten mich die entsetzlichsten Vorstellungen von ausgefallen komponierten Gerichten. Völlig befangen betrat ich mittags mein trautes Heim.
Mein liebes Frauchen küßte mich treuherzig, ihr Gesicht strahlte vor Glück, und triumphierend erklärte sie mir: »Heute essen wir Schnitzel aus Hammelfleisch, das heißt eigentlich aus Rindfleisch, das wie Hammelfleisch zubereitet

wurde, gefüllt mit pikantem italienischem Gemüsepüree. Das ist ein Rezept aus der letzten Nummer.«

Das Rezept war ansprechend wiedergegeben, aber im Resultat ungenießbar. Meine Portion kippte ich unserem Hund in den Freßnapf. Er schnupperte nur daran, ließ den Schwanz hängen, kroch unter den Schrank und knurrte. Auch meinem geliebten Frauchen wurde leicht übel, und sie schickte mich weg, weil sie sich hinlegen wollte.

Als ich am Abend von der Arbeit heimkam, fand ich im Eßzimmer drei, im vorderen Zimmer zwei Kisten, und in der Küche stand meine Frau mit einer weiteren Kiste, von der sie mit dem Fuchsschwanz ein Brett absägte.

»Ich warte schon auf dich«, sagte sie liebenswürdig, »im ›Glückliche(n) Heim‹ fand ich den Vorschlag, daß jede sparsame Hausfrau selber ein Bett für ihr Dienstmädchen schreinern kann. Als du weg warst, hab ich das Bett unseres Dienstmädchens an einen Tischler verkauft, und für das Geld habe ich mir die Kisten und das Schreinerwerkzeug angeschafft.«

Um Gottes willen! Diese Zeilen schreibe ich in der türkischen Stadt Soluna, wohin ich vor dem ›Glückliche(n) Heim‹ geflüchtet bin, das sich zum Ziel gesetzt hat, jeden Haushalt mit Glück und Frieden zu überschütten.

Die Geschichte von den Menschenfressern

Vom wissenschaftlichen Standpunkt aus muß man die Menschenfresser in drei große Gruppen unterteilen. Zur ersten gehören die Menschenfresser, die im Pazifik und auf den Inseln im Norden und Osten von Australien leben. Die zweite Gruppe bilden die afrikanischen Menschenfresser, von denen die Dahomejen der bekannteste Stamm sind und deren Erbe später die Botokuden übernahmen; und die dritte große Gruppe bilden die Bewohner der Insel, die in der Nähe Feuerlands liegt.

Alle diese Feinschmecker des menschlichen Fleisches ließen sich die Missionare, die zu ihnen kamen, um sie zum Christentum zu bekehren, gut schmecken.

Die Missionare wurden recht unterschiedlich zubereitet. Bedauernswerterweise gab keine Gruppe der Menschenfresser eine Zeitung heraus, wo unter der Überschrift ›Wochenmenü für eine anständige Familie‹ regelmäßig Rezepte veröffentlicht worden wären. Aus diesem Grund wissen wir nur wenig über die Kochkünste der Menschenfresser. Wir müssen mit lückenhaften Berichten über die bedauernswerten Opfer menschlicher Unersättlichkeit vorliebnehmen. Diese Berichte sind aber sehr unpräzise, da sie leider jeglichen Scharfsinns entbehren. Psychologisch gesehen leuchtet dieser Mangel jedem ein, denn wer gebraten werden soll, büßt seinen klaren Verstand ein. Ganz genau wissen wir nur folgendes:

In Neuguinea schmorte man die Missionare über einem offenen Feuer, nachdem sie mit Eukalyptusblättern gespickt und mit Gewürzen von den Molukken eingerieben worden waren. Zum Braten verwendete man kein Fett.

In Zentralafrika wurden die Missionare sorgfältig zerstückelt, von allen Knochen befreit und in einem mit Tomatensoße gefüllten Kessel gedünstet. Da die Zivilisation in dieser Region schon fortgeschritten war, wurden sie zuweilen auch als Sandwich serviert.

Die primitivste Art der Zubereitung wurde von der dritten Gruppe bevorzugt: man briet die Missionare ohne Gewürze,

sie waren also ohne jeden Beigeschmack. Es fragt sich, welche Zubereitungsart die schmackhafteste gewesen sein mag.
Soviel über die Kochkünste unzivilisierter Völker im Pazifik, in Zentralafrika und Feuerland.
Und wer wurde von Europa aus ins Land der Wilden exportiert? Jesuiten, Dominikaner und Benediktiner. Deutschland und England führten Pastoren aus, und Schweden sandte Geistliche, die verschiedenen religiösen Sekten angehörten. Die Qualität dieser Missionare war jedoch zweitklassig. Sie waren so mager, daß selbst die Seekrankheit ihnen nichts anhaben konnte. Der Häuptling der Papuaner von der Insel Roroto bei Neuguinea ersuchte einmal den deutschen Konsul in Wilipuroto, ihnen künftig keine mageren Pastoren mehr zu schicken.

Zur gleichen Zeit, wo diese tragische Geschichte sich ereignete, lebte in Moskau Alexej Dimitrij Kurilowitsch, ein gutmütiger Pope, der einer großen Kirchengemeinde vorstand. Ganze vierzehn Wundertaten waren ihm geglückt, und das hatte ihm 480 000 Rubel eingebracht.
Eines Tages besuchte ihn der Polizeihauptmann und schnauzte ihn an: »Ei, du Schurke! Als der alte Gauner Panurlow, dein Vorgänger, noch am Leben war, Gott hab' ihn selig, gab er uns immer die Hälfte der Einkünfte aus seinen Wundertaten ab. Und von jedem Pogrom fielen dreißig Prozent an uns. Und du Schurke? Keine einzige Kopeke rückst du raus! Ab nach Sibirien mit dir!« Diese Worte ließen Alexej Dimitrij Kurilowitsch ganz stutzig werden. Dann begann er mit dem Hauptmann zu feilschen. Der aber ließ sich nicht umstimmen: »Hör auf mit dem Feilschen, du Sau! Du weißt doch, daß du die Witwe Prakowowa nur ermordet hast, um an ihr Vermögen zu kommen.«
»Gott hat's befohlen«, seufzte der Pope Kurilowitsch, »ich hab's getan, aber du hast deinen Anteil bekommen, Iwan Iwanowitsch.«
»Richtig, bekommen – aber was hab ich davon gehabt? Hier tausend Rubel, dort tausend Rubel, und schon war alles futsch! Als du der Statue der Heiligen Jungfrau Stanislawa die Halskette gestohlen hast, hast du mir, lieber Kurilowitsch, nur drei winzige Perlchen gegeben.«

»Aber du hast dafür den Juden Averk, dem du die Perlen verkauft hast, nach Sibirien geschickt, und sein Vermögen hast du beschlagnahmt.«

So stritten sich die beiden noch lange, und es kam auch heraus, daß der Pope Kurilowitsch Pilgerinnen geschändet hatte. Der orthodoxe Pope wollte trotz alledem von den fünfzig Prozent, die er von jeder seiner Wundertaten dem Hauptmann abtreten sollte, nichts wissen. Und so ging der Hauptmann zum Oberhauptmann.

Du armer Alexej Dimitrij Kurilowitsch!

Dem gutmütigen Popen wurde befohlen, die Wilden auf den Inseln im Pazifik zum orthodoxen Glauben zu bekehren. Sein Vermögen teilten der Oberhauptmann und der Hauptmann untereinander auf.

Der selige Fürst Sergej überreichte Alexej Dimitrij Kurilowitsch viertausend Ikonen, und der beleibte Pope wurde ins Ausland abgeschoben.

Die Reise vertrug er ausgezeichnet. Mit seinem Schicksal – entweder nach Sibirien zu gehen oder aber Wilde zu taufen – hatte er sich rasch abgefunden. Während der Seefahrt sang er »Gott, erbarme dich unser...«, und die Haie mieden das Schiff. Schließlich wurden er und die viertausend heiligen Bilder auf der Insel Roramuro abgesetzt.

Kehren wir nun zum Anfang unserer Geschichte zurück. Auf der Insel Roramuro leben die Menschenfresser der ersten Gruppe: sie brieten die Missionare auf offenem Feuer, nachdem sie sie mit Eukalyptusblättern gespickt und mit Gewürzen von den Molukkanischen Inseln eingerieben hatten.

Die Menschenfresser der Insel Roramuro haben bereits einen Jesuiten, einen Dominikaner und einen evangelischen Pastor verzehrt. Sie waren also gleich mehrfach bekehrt worden, waren Katholiken und Protestanten zugleich, nur den orthodoxen Glauben kannten sie noch nicht.

Nicht nur der orthodoxe Glaube, auch ein so wohlgenährter Missionar war den Insulanern bisher völlig fremd gewesen. Sie sperrten Alexej Dimitrij Kurilowitsch in einen Käfig und mästeten ihn. Er ergab sich dem Willen Gottes. Dem versammelten Publikum verkündete er in seinem Käfig den orthodoxen Glauben und wurde von Tag zu Tag fetter, bis er platzte. Er hatte das beste Fleisch von allen Missionaren, so daß die

Bewohner der Insel Roramuro bis auf den heutigen Tag fromme Orthodoxe geblieben sind. So fromm, daß sie vor kurzem einen katholischen Missionar zum orthodoxen Glauben überredet haben, bevor sie ihn dann auf einen Pfahl spießten.

Die Einweihung

Vor einiger Zeit besann sich ein gewisser Engler aus Stará Boleslav darauf, daß er Katholik sei, und schrieb hierüber einen Artikel, den er an die Redaktion der Zeitung ›Der Tscheche‹ schickte, die diese Mitteilung mit Dankbarkeit aufnahm; und Engler wurde aufgefordert, die zerfallenen Reihen der Katholiken neu aufzurichten. Er ließ sich zunächst im Pfarramt beraten, übernahm dann aber sofort seine apostolische Aufgabe. Die Reihen der gläubigen Katholiken füllten sich wieder, so daß eines Tages ein Verband ins Leben gerufen wurde – der ›Verband des Heiligen Wenzels‹.

Die Versammlungen der Verbandsmitglieder fanden in einer Gastwirtschaft statt. Der Wirt stellte einen Billardtisch zur Verfügung, und so spielten die Mitglieder des katholischen Verbandes Billard und tratschten über andere nach dem Motto: »Durch Wahrheit zum Sieg, durch Einigkeit zum Ziel!«

Der Klatsch blühte, und der Verband erfreute sich lebhaften Zustroms. Alle Verbandsmitglieder trugen weiße Nelken, besuchten fleißig die Gottesdienste und stürmten jede Versammlung, die nicht kirchlich war. Sie lauerten auch einem gewissen Jiránek auf, der in der Feier von Christi Himmelfahrt den Hut aufbehalten hatte. Er wurde ordentlich durchgedroschen. Sie schrieben Artikel für die Zeitung ›Die Erneuerung‹, in denen sie die Dienstleistungen des Pfarramts von Stará Boleslav über den grünen Klee lobten und gleichzeitig fortschrittlich gesinnte Bürger anprangerten. Die Aktivitäten des Verbandes liefen also in alle möglichen Richtungen.

Ihrem Vorsitzenden Engler sagten sie nach, daß er sie bestehle. Schon schmiedeten sie Ränke gegen ihn, der schon geraume Zeit wenig erkennbaren Ehrgeiz zeigte, dem katholischen Verband in irgendeiner Weise zu äußerem Glanz und Ansehen zu verhelfen. Die Beratungen darüber, daß man gegen den lauen Engler schärfer vorgehen müsse, waren schon im vollen Gang, als Engler mit einem Mal das volle Vertrauen der Verbandsmitglieder zurückgewann. Er erklärte ihnen, es sei an der Zeit und die Pflicht des Verbandes, ein gebührendes Erkennungszeichen zu setzen, womit man die Bedeutung des Verbandes aller Welt vor Augen führen würde. Die Wahl fiel auf eine Fahne – die zweite Standarte ihres Glaubens, unbeugsam und nicht zu vernichten. Eine Fahne, hinter der die Katholiken aus Stará Boleslav stolz und im Glauben vereint über alle Hindernisse hinweg vorwärts schreiten wollten – den Abtrünnigen, Zweiflern, Juden und lauen Gläubigen zum Trotz.

Die Fahne sollte für zwanzig Kronen herbeigeschafft werden. Doch zu guter Letzt kamen vierzig Kronen zusammen, die die Mitglieder des katholischen Verbandes zusammenschweißten und in Begeisterung versetzten. Je bescheidener die Mittel, um so größer die Begeisterung.

Zu Schwierigkeiten kam es unter den Jungfrauen des Verbandes angesichts der Frage, wem die Ehre gebühre, die Fahne zu besticken. Diese Aufgabe war ja unschuldigen Mädchen vorbehalten, aber da Mädchen im zarten Alter der Unschuld meist noch nicht sticken können, entbrannte unter den reiferen Jungfrauen ein erbitterter Kampf. Die Ehre wurde schließlich den Schwestern Frybert zuerkannt. Sie stickten unter dem Verdikt der Ehrenhaftigkeit, doch böse Zungen insistierten, daß man bei der jüngeren sehr genau aufpassen müsse, ob sie die Fahne auch wirklich zu Ende sticken dürfe.

Die fertige Fahne wurde auf eine Stange gezogen, zum Schutz vor Fliegen in ein Stück Organdy gewickelt und in einer Ecke des Versammlungssaals deponiert.

Frau Engler wurde zur Patentante der Fahne ernannt und trug aus diesem Anlaß ein schwarzes Seidenkleid. Zu Kranzjungfern wurden drei Fräulein erkoren, und die Verbandsmitglieder beschlossen, ihre Fahne am folgenden Sonntag feierlich einzuweihen. Sie ließen diese Ankündigung durch die Zeitungen ›Die Erneuerung‹ und ›Das Schwert‹ verbreiten.

Am Vorabend der Feierlichkeiten ehrte ein vornehmer Besuch den Vorsitzenden Engler. Ein Herr, der sich als Jindřich Zobl, Notar des Bischofs aus Königgrätz, vorstellte und angab, er sei vom Bischof beauftragt worden, an den hochwürdigen Feierlichkeiten in Stará Boleslav teilzunehmen. Auffallend oft wiederholte der Notar »In nomine Domini« und gewann so Englers vollstes Vertrauen.

Den Mitgliedern des katholischen Verbandes wurde er noch am

selben Abend anläßlich einer feierlichen Versammlung präsentiert. Er entzückte alle durch Belesenheit, Frömmigkeit, Bescheidenheit und den wiederholten Gebrauch lateinischer Sätze wie »In saecula saeculorum« – »In nomine Domini«, wobei er mit den Augen blinzelte.
Der Notar des Bischofs aus Königgrätz ehrte Herrn Engler aber nicht nur dadurch, daß er bei ihm in dem für Gäste gemütlich eingerichteten Zimmer übernachtete, sondern auch durch seine Zusage, der Patenonkel ihrer Fahne werden zu wollen.
Die Familie Engler hörte den Notar am nächsten Morgen lange in lateinischer Sprache beten und singen. In Siegeslaune begleiteten sie den vornehmen Gast zum Versammlungssaal des katholischen Verbandes, wo sich bereits die Prozession formierte, um zur Kirche zu ziehen.
Soll ich den Zauber der feierlichen Einweihungszeremonie heraufbeschwören?
Die Kapelle setzte pompös ein, die Patentante hielt mit der einen Hand die Schleife der Fahne, mit der anderen drückte sie die Hand des ehrenhaften Paten Jindřich Zobl, des bischöflichen Notars aus Königgrätz, an dessen Seite die Kranzjungfern trippelten. Während der Feierlichkeiten blinzelte der Notar ununterbrochen mit feuchten Augen; der Patentante liefen Tränenströme über das Gesicht.
Nach der Einweihung quoll die Prozession aus der Kirche, und unter den schmetternden Klängen der Kapelle marschierten die stolzen und vereinigten Katholiken zurück in ihren Versammlungssaal, wo die Fahne unter Absingen der österreichischen Nationalhymne feierlich abgelegt werden sollte. Ehrerbietig trug der Fahnenträger Jeník das kostbare Stück, und gleich hinter ihm schritt der ehrenhafte Pate und Notar des Bischofs aus Königgrätz. Die Kapelle stimmte gerade einen neuen Marsch an, als der ehrenhafte Pate, wirr vor Freude, herumzuhüpfen begann. Es folgte ein für alle Prozessionsteilnehmer unerwartetes Spektakel. Wie ein geölter Blitz hatte der Notar sich der Becken bemächtigt, die ein vor der Fahne schreitender Musiker getragen hatte, und begann zu trommeln, wobei er verkündete:
»Sieh, du Volk der Israeliten, der Messias ist gekommen!«
Panik brach aus. Unter die Prozession mischten sich sofort zwei Polizisten, die von zwei unbekannten Zivilisten begleitet wur-

den. Einer von ihnen klopfte dem Notar auf die Schulter und sagte: »Soeben wurden Sie zum Papst ernannt. Wir sollen Sie sofort im Vatikan vorstellen. Kommen Sie mit!«
Widerstandslos ließ sich der Notar zum nächsten Taxi abführen und hineinsetzen. Er wurde in die Nervenheilanstalt Kosmonos gebracht, von wo er vor anderthalben Tagen ausgebrochen war.
Es war der Israelit Moritz Friedemann. Die Mitglieder des katholischen Verbandes durften sich fortan rühmen, einen verrückten Juden zum Patenonkel ihrer Fahne gemacht zu haben.

Bringen wir den Kindern bei, die Natur zu lieben!

1

Gegen Schulausflüge habe ich grundsätzlich nichts einzuwenden und ebensowenig gegen Tierquälereien, weil der Mensch in solchen Situationen seine Dominanz unter Beweis stellt. Wenn man ein Pferd verspeist, kann man behaupten, eine Bestie überwältigt zu haben, ohne ein Unmensch zu sein. Und wenn man ein paar Dutzend Kinder auf einen Schulausflug mitschleppt, muß man es genießen, inmitten der Felder, Wiesen und Wälder Herr über die wildgewordenen Seelchen zu sein.

Mögen mir die Herren Lehrer die Schilderung des denkwürdigen Ausflugs verzeihen. Ich entschuldige mich bei ihnen schon für meine niederträchtigen Taten, die zweifellos auch die Mehrzahl der Leser so einschätzen wird. Vor allem die Leser, die über einen ausgeprägten Gerechtigkeitssinn verfügen.

2

Ursprünglich beabsichtigte ich nichts Böses. Als der Schuldirektor mir mitteilte, die Schulleitung wolle einen Ausflug zu dem in Planung befindlichen Stausee unternehmen, in das Tal, wo der Elbe-Bach durchfließt, sprach ich meinen Wunsch nach Teilnahme aus. Der Ausflug wurde für den Samstag festgesetzt, aber am Mittwoch verstauchte sich der Schuldirektor den Fuß. Als der hiesige Friseur den Versuch unternahm, den Fußknöchel wieder einzurenken, brach er ihm denselben, und am Freitag mußten sie ihm im Krankenhaus das Bein unterhalb des Knies amputieren, so daß es ausgeschlossen schien, daß er am nächsten Tag dem Schulausflug persönlich hätte beiwohnen können.

Da sich die Kinder jedoch schon länger als ein halbes Jahr auf diesen Ausflug vorbereitet hatten und sich sehr darauf freuten,

bot ich mich an, sie allein zu begleiten. Mein Anerbieten wurde vom Schulrat gebilligt, da ich mich seines absoluten Vertrauens erfreute.
Es ist interessant, wie rasch sich die Ansichten über den Charakter eines Menschen ändern können. Noch interessanter ist aber, daß der Mensch oft etwas Verwerfliches begeht, ohne es von vornherein beabsichtigt zu haben. Ich hatte gar keine bösen Absichten, die Kalamitäten nahmen von ganz allein ihren Lauf, und zwar vom ersten Augenblick an, als wir das Schulgebäude verließen.

3

Es waren ein Dutzend Jungen und Mädchen, denen man auf den ersten Blick ansah, daß ihre Väter Kriegsheimkehrer waren. Alle trugen sie Militärrucksäcke und hatten eine Feldflasche dabei. Eines der Mädchen schleppte sogar ein Militärzelt mit, einer der Jungen war mit einem Bajonett bewaffnet, und etwa die Hälfte aller Schulkinder trug die alten österreichischen ›Eßschüsseln‹.
Die Horde sah aus wie eine Räuberbande, so daß selbst ich lachen mußte, als ich sie mit ›liebe Kinderchen‹ ansprach.
So zog ich mit ihnen los in Gottes freie Natur.

Doch die lieben Kinderchen bekundeten nicht das geringste Interesse für die Schönheiten der Natur. Es zeigte sich, daß der nach Terpentin duftende Wald ihnen als einzige Poesie die Möglichkeit bot, mit dem Taschenmesser eine Rute oder einen Stock abzusäbeln, um damit einander auf die Köpfe oder die Rücken zu schlagen.
Ich hatte mir vorgenommen, den Kindern absolute Freiheit zu lassen. Das war der Grund dafür, daß ich sie geradezu aufforderte, sich zu prügeln und zu grölen.
Seither sind alle singenden Vögel, denen die panische Flucht in ein anderes Waldgebiet gelang, aus unseren Wäldern verschwunden.
Frohen Mutes schritten wir durch das Dickicht des Waldes, und ich gedachte im stillen der Schulausflüge, die ich in meiner Kindheit mitgemacht hatte. Die Flurschäden waren damals

noch unerheblich, wenn wir, unter der Führung von Professor Prinz, völlig verblödet durch seine hochgeistigen Vorträge über Blütenstempel, durch Gottes Natur zogen und fleißig botanisierten.
Da der Herr Abstinenzler war, bestellte er für uns alle in einem Gartenrestaurant saure Milch, deren Folgen allerdings fatal waren. Eine halbe Stunde zuvor hatten wir Rast an einer Obstbaumallee gemacht, und jeder von uns hatte ungefähr ein halbes Kilo Kirschen verschlungen. Unser Heimweg glich dem Rückzug der Armee Napoleons von der Beresina, dessen Truppen, wie die Geschichte zu berichten weiß, von der Ruhr befallen waren. Sogar Professor Prinz hatte die Hosen voll und wiederholte in seiner Verzweiflung: »Merkt euch, Jungs, die blaue Blume, die an Bächen wächst, heißt Vergißmeinnicht.«
Er war ein sehr nüchterner Bürger, und das Nüchternste an ihm waren seine Ideen. Wenn er aber etwas sagte, dann war es die absolute Wahrheit, gegen die sich nichts einwenden ließ. Ich erinnerte mich noch, daß er mit großer Bestimmtheit behauptete, auf Wiesen wachse Gras, auf Feldern Getreide, und Felsen seien aus Gestein. Dieser lehrreiche Ausflug wird meinem Gedächtnis wohl niemals entfallen, da geht es mir ähnlich wie einem Menschen, der in seiner Jugend von einem Auto überfahren wurde und sich sein Leben lang immer wieder daran erinnert.
Unwillkürlich verglich ich unsere damaligen schlaffen Kinderfigürchen mit dieser sonnengebräunten, ausgelassenen Gesellschaft, die wie eine Bande von Abruzzenräubern ausschaute.
Hinter mir ertönte plötzlich lautes Geschrei und Gebrüll. Zwei Knaben schleppten einen dritten an Armen und Beinen zu mir, und der Gefaßte brüllte: »Mařena hat mich in den Bauch getreten, ich kann nicht mehr gehen!« Es erschien notwendig, eine Rast einzulegen und zu ermitteln, wer den Anstoß zu diesem Zwischenfall gegeben hatte.
Die Beschuldigte, das Mädchen Mařena aus der vierten Klasse, sah mich mit ihren blauen Augen an und beteuerte, sie habe sich bloß gewehrt, weil ihr der Pazourek mit einem Taschenmesser den Zopf hatte abschneiden wollen. Pazourek verteidigte sich reichlich schwach, indem er behauptete, er habe ihr das Messer nur zeigen wollen, um es gegen eine Messingspange einzutauschen. Der Junge hatte sehr viel Phantasie,

denn bei der Untersuchung von Mařenas Zopf fand ich von einer Messingspange nicht die geringste Spur.
Da rief ich alle Teilnehmer des Ausflugs auf einer Waldlichtung zusammen und schlug vor, daß über die Schuldfrage das Plenum entscheiden solle.
»Liebe Kinderchen«, rief ich, »ich berufe nun ein Standgericht ein und hoffe, daß ihr vollzählig seid.«
Die Liste der Ausflugsteilnehmer führte ich mit mir, und es stellte sich heraus, daß zwei Jungen und ein Mädchen fehlten.
Ein paar Jungen wußten Bescheid, sie flüsterten mir vertraulich zu, daß Anežka vor einer halben Stunde in eine Fuchsfalle geraten sei, als sie ins Gebüsch gekrochen war, um zu pinkeln. Und sie hätten Anežka dort liegen lassen, weil sie nicht geschrien habe.
Ein paar Mädchen wußten von den zwei verschwundenen Jungen und teilten mir ebenfalls vertraulich mit, daß die beiden Jungen Schlingen legten, um Hasen zu fangen, so wie sie es im letzten Jahr bei den Pfadfindern beobachtet hätten.
Ich stand also vor der Notwendigkeit, das Standgericht, das über Mařena und Pazourek urteilen sollte, bis auf weiteres zu vertagen, um das verlorene Mädchen aus der Fuchsfalle zu befreien und ihr Erste Hilfe angedeihen zu lassen.
Eine Viertelstunde später wurde sie gefunden, und sofort war klar, warum sie nicht geschrien hatte. Sie war mit einem Rockzipfel in der Falle hängengeblieben und hatte jede Bewegung gescheut, um ihren Rock nicht zu zerreißen.
Mit stoischer Ruhe berichtete die Gerettete: »Ich habe gedacht, wenn der neue Herr Lehrer mit den anderen Kindern vom Ausflug zurückkommt, und ich fehle, dann sucht meine Mutti mich gleich, und wenn sie mich findet, prügelt sie mich durch.«
Und plötzlich brach das Mädchen in Tränen aus und rief: »Ich mach's nie wieder! Ich kriech in kein Gebüsch mehr! Ich geh jetzt mit euch!«
So verzieh ich ihr dieses schreckliche Vergehen. Aber der Ausdruck ›der neue Lehrer‹ beseitigte bei mir mit einem Schlag jede Unsicherheit über die Frage, welche Rolle ich eigentlich bei diesem Schulausflug übernommen hatte. Der Junge Chadruba zupfte auch gleich an meinem Rock und sagte: »Herr neuer Lehrer, ich hab' eine Schlange gesehen, und mein Hals ist schon ganz dick geschwollen.«

Dieses gerissene Kerlchen wollte damit angeben, daß ihn eine Viper gebissen hätte. Dabei war es nur ein Wespenstich. Wie hätte auch eine Viper an seinen Hals kommen können?

Ein anderer Junge behauptete, sein Mitschüler hätte eine Raupe gefressen, sie wieder ausgespuckt, und die Reste hätte er ihm hinten in den Kragen geworfen.

Mit einer außergewöhnlichen pädagogischen Geistesgegenwart forderte ich die beiden Jungen auf, diesen Fall untereinander auszutragen, worauf sich der Kläger entfernte, um eine Raupe zu suchen, mit der er offensichtlich die gleiche Prozedur im Sinne hatte wie der Angeklagte.

Nun suchten wir die beiden verschwundenen Jungen, die im Verdacht standen, Schlingen zu legen. Die Annahme erwies sich als wahr. Die beiden spielten tatsächlich Wilderer. Der eine legte die Schlingen, der andere spielte den Hasen und tat so, als wäre er mit einem Bein gefangen. Und der ›Wilderer‹ war gerade im Begriff, ihn totzuschlagen, als wir an Ort und Stelle eintrafen.

Aber in diesem Fall waren die Eltern schuld. Sie waren ihrer Aufsichtspflicht nicht nachgekommen, denn wie hätte sonst die dünne Drahtschlinge in einen Rucksack kommen können?

»Wo hast du das her?« schrie ich ihn an.

»Von zu Hause, vom Boden«, sagte der Junge.

»Du machst einen Fehler, Junge«, erwiderte ich. »Du mußt in solchem Fall immer behaupten, daß du es gefunden hast.«

Ein dämliches Mädchen begann mit mir zu streiten. »Aber das geht doch nicht, Herr neuer Lehrer. Wir müssen immer die Wahrheit sagen, weil, wenn wir sie nicht sagen, dann verpfeift uns bestimmt sowieso einer.«

»Liebe Kinderchen«, sagte ich, »merkt euch eins: Wenn jemand etwas Schlechtes tut, muß er es so tun, daß ihn niemand dabei ertappt. Und er darf das Wichtigste nicht vergessen: alle hinterlassenen Spuren zu beseitigen. Ich werde euch, liebe Kinderchen, ein entsprechendes Beispiel erzählen. Es gibt eine Wissenschaft, die heißt Kriminalistik. Mit dieser Wissenschaft führt jeder, der eine böse Tat begeht, begangen hat oder begehen wird, einen unerbittlichen Kampf. Ihr habt vielleicht schon gehört, liebe Kinderchen, wie gefährlich es für jemanden, der irgendwo eingebrochen ist, sein kann, wenn er dort

seine Fingerabdrücke hinterläßt. Diese Abdrücke werden fotografiert und sind ein außerordentlich wertvolles Beweismaterial bei der Fahndung nach dem Täter. Also fordert die vernünftige Vorsicht, daß man Handschuhe anzieht, wenn man irgendwo einbrechen will. Es versteht sich, liebe Kinderchen, daß man bei einem Einbruch nicht aufgeregt sein darf, denn sonst würde man die Handschuhe in der Hosentasche vergessen, was schon öfters passiert ist. Die Handschuhe muß man natürlich anziehen. Eine weitere Gefahrenquelle stellen die Polizeihunde dar. Diese Geschöpfe sind mit einem ungewöhnlich guten Riecher ausgestattet, und mit diesem können sie die Spur des Täters verfolgen. Es ist also sehr vorteilhaft, liebe Kinderchen, am Ort des Verbrechens alles mit Petroleum zu beschmieren. Da schnuppert der Hund und führt den Polizisten mit ziemlicher Sicherheit zur nächsten Petroleumlampe oder auch in ein Geschäft, wo Petroleum verkauft wird, oder zu einem Weib, das an Rheumatismus leidet und sich den Rücken mit Petroleum eingerieben hat.«
Da meldete sich ein Junge, der auf den Namen Jeřala hörte. Auf meine Frage, was er denn wolle, sagte er verzweifelt und weinerlich: »Bei uns zu Hause haben wir keine Handschuhe, bitte schön, und Petroleum haben wir auch nicht, wir haben elektrisches Licht.«
Fabiánová, eine Schülerin der vierten Klasse, griff ein: »Welche Handschuhe sollen das sein, bitte schön, Lederhandschuhe oder gestrickte?«
»Liebe Kinderchen«, erwiderte ich, »auf jeden Fall Handschuhe aus Leder, und am besten eignen sich für den genannten Zweck Wildlederhandschuhe. Gestrickte Handschuhe sind bei Einbrüchen ungeeignet, weil sie die Spuren des links und rechts gestrickten Musters hinterlassen.«
Ich sprach wie eine Handarbeitslehrerin, und zum Schluß fragte ich, ob irgend jemandem noch irgend etwas unklar sei. Aber man konnte bereits beobachten, wie es in den Kinderköpfchen brodelte. Die Mädchen und die Jungen schlossen sich in kleinen Gruppen zusammen und berieten lebhaft gestikulierend. Schließlich waren sie sich über die noch ausstehenden Fragen einig.
Die Fabiánová begann mit der Frage: »Soll man, bitte, die Handschuhe wegwerfen, wenn alles vorbei ist?«

»Unbedingt! Wegwerfen!« antwortete ich.
Für die Mädchengruppe sprach die Bernášková. Aber das, was sie sagte, war weder eine Frage noch ein Vorschlag. »Wie wäre es, wenn man die Lederhandschuhe schon zu Hause in Petroleum einweichen würde, dann muß man das Petroleum nicht mitschleppen, um alles damit zu beschmieren, weil das Petroleum doch so teuer ist?«
Diese erstaunliche Kombination bewies, daß Frauen schlauer als Männer sind, denn kein Junge wäre auf diese Idee gekommen. Aus ihren Worten sprach der angeborene Sparsamkeitssinn einer zukünftigen Hausfrau. Dann meldete sich Motyčka, ein Schüler der dritten Klasse, der durch seine Frage Logik und gesunden Menschenverstand ins Spiel brachte: »Darf ich barfuß einbrechen oder muß ich mir auch an den Füßen Handschuhe anziehen?«
Sofort meldete sich der flinke Kafková aus der fünften Klasse: »Der ist blöd, was? Mein Onkel is' in die Post in Socken eingebrochen, ohne Handschuhe und ohne Petroleum, und sie haben ihn trotzdem nicht erwischt.«

Wir setzten unseren Ausflug fort. Als wir an eine Straße kamen, die sich in Serpentinen abwärts schlängelte, tauchte unten auf dem Fußpfad ein Herr auf, der offenbar den Weg abkürzen wollte. Doch daran wurde er durch die Nachhut der Mädchen und Jungen gehindert, die ihn mit Steinen bewarfen. Zu einem heftigen Streit kam es zwischen Vitáček und Anežka Houbová darüber, wer von ihnen beiden den Herrn getroffen hätte.
Der fremde Herr war tatsächlich am Ohr verletzt; seiner Hoffnung beraubt, saß er auf einem Baumstumpf und rief zu uns hinauf: »Ich bin der Schulinspektor Ruprecht. Wie ist der Name der Schule, die diesen Ausflug veranstaltet? Kommen Sie her, Herr Lehrer!«
»Das geht Sie einen Dreck an!« schrie ich hinunter. »Meine Schule ist die Musterschule im ganzen Bezirk!« Und ich wandte mich sogleich an die lieben Kinderchen mit dem Ruf: »Schnell, jetzt müssen wir alle im Wald verschwinden!«
Wir waren schon längst im Wald untergetaucht, als der Herr Schulinspektor immer noch verzweifelt hinter uns herrief: »Wie ist der Name der Schule?«

Das also war die niederträchtige Geschichte vom Schulausflug. Auf dem Weg zurück ereigneten sich noch zahlreiche Niederträchtigkeiten. Aber ich scheue mich nun selbst, davon zu erzählen. Mit der ganzen Angelegenheit beschäftigt sich jetzt das Schulministerium.

Meine ›Montmartre‹-Tragödie

Einer meiner Bekannten besitzt eine große Dogge. Wenn sie schläft, die Pfoten von sich gestreckt, sieht sie aus wie ein unschuldiger Engel, und sie maunzt wie ein Baby. Doch unternehmen Sie den Versuch, sie zu wecken! Schon knurrt sie und beißt. Mein Freund Opočenský hatte wohl diese Dogge vor Augen, wenn er meine und seine Freunde ermahnte, mich nachts nicht zu wecken. Vor einem Jahr ließ er im ›Montmartre‹ eine Bemerkung über mich fallen: »Weckt ihn nicht, er ist ein Hund.« Um seinen Worten mehr Nachdruck zu verleihen, nickte er mit dem Kopf und rieb sich das Kinn, während ich im naiven Glauben, daß keiner mich stören würde, im Hinterzimmer auf dem Kanapee schlief.

Wenn die alten Römer irgendwo einen Pfeil in den Boden rammten, war dies ein Zeichen, daß der Boden Rom gehörte, und wollten sich fremde Völker dort niederlassen, führten die Römer Krieg gegen sie. Dank meines ungewöhnlichen, sozusagen klassischen Verhaltens, habe ich ähnliche Gewohnheiten. Wo auch immer ich einschlafe, schon glaube ich, dort zu Hause zu sein, und lasse mich ohne Widerstand nicht mehr vertreiben.

Einmal schlief ich sogar auf dem Hradschin [die Prager Burg] ein. Es fehlte nicht viel, und ich wäre in einen Hochverratsprozeß verwickelt worden, weil ich der Polizei unentwegt versicherte, ich sei hier zu Hause und aus meiner Wohnung ließe ich mich nicht vertreiben.

Ein andermal schlief ich in der Elektrischen ein, und als man mich weckte, wehrte ich mich mit der Erklärung, ich sei hier zu Hause; ich tat dies so ausdauernd, daß der Schaffner mir aus lauter Verzweiflung seine Tasche mit den Fahrscheinen und die Lochzange überreichte und mich aufforderte, meine Pflicht zu tun. Danach überlegte er es sich aber doch wieder anders und rief die Polizei.

Ich weiß bis heute nicht, was meinen Freund Walner an jenem Abend dazu brachte, mich zu wecken. Vielleicht tat er es nur deswegen, damit ich ein Jahr später davon erzählen würde. Die Historiker der Zukunft werden die Invasion meines Freundes Walner im Gefolge von Gleichgesinnten in das Hinterzimmer des ›Montmartre‹ wohl als ›abenteuerliche Expedition‹ bezeichnen. Ich sollte ihn gebeten haben, mich zu wecken, ohne ihm jedoch die Uhrzeit genannt zu haben. Er weckte mich also, um zu fragen, wann er mich denn wecken sollte.

Zunächst begriff ich nicht, was los war, dann packte ich einen Stuhl... Und hiermit beginnt meine Beichte.

Ich beichte Ihnen, lieber Freund Walner, und Ihnen, Herr Hamlet, stellvertretend für Walner, daß ich Ihnen damals mit Absicht ein Bein stellte und den ganzen ›Montmartre‹ am liebsten in klitzekleine Stücke zerschlagen hätte. Ihnen und allen meinen Freunden bin ich zu Dank verpflichtet, daß sie mich gerade noch rechtzeitig an die frische Luft setzten. Die Luft im Hinterzimmer war äußerst stickig. Ihnen verdanke ich, und ich werde es Ihnen nie vergessen, daß ich mich draußen vor dem ›Montmartre‹ an dem Sonnenaufgang ergötzen konnte, wobei die Sonne mit ihren Strahlen die Spitzen meiner Schuhe vergoldete.

Ich erinnere mich, daß ich in die noch offenstehende Tür des ›Montmartre‹ brüllte: »Darf ich wiederkommen?«, worauf ein entschiedenes »Nein!« zurückhallte, und mit einem kräftigen Schlag die Tür direkt vor meiner Nase ins Schloß fiel. Ich kam mir vor wie eine Blume, die niemand begießt, und machte mich auf den Weg in eine Dominikanerkirche, um für die Leute, die mich geweckt hatten, zu beten. Doch bevor ich die Hände zum Gebet falten konnte, schlief ich bereits in der Bank wieder ein. Der Pfarrer weckte mich nicht, seitdem habe ich große Ehrfurcht vor Geistlichen. In den nachfolgenden stillen Nächten, als der Mond sein blasses Licht verströmte, trieb ich mich um das ›Montmartre‹ herum wie ein Verbannter.

Es gelang mir zwar, mehrmals bis zur Garderobe vorzudringen, wo einem für einen Geldbetrag der Mantel oder der Hut abgenommen wird – ein Vorgang, den ich, ehrlich gesagt, nie begreifen konnte –, aber der Versuch, weiter vorzudringen, war stets zum Scheitern verurteilt. Im ›Montmartre‹ verbreitete sich jedesmal in Windeseile die Neuigkeit, Hašek sei wieder zur Tür hinausgeworfen worden.

Die Tage waren erfüllt von sonderbaren Kämpfen, die dem Hi-

storiker der Zukunft unbegreiflich bleiben müssen. Ich kam mir vor wie eine Ameise, die der Wind vom Baum bläst, vor dem sie lauert, um an den süßen Hinterchen der Blattläuse zu lecken. Doch die Ameise kriecht immer wieder hinauf.
Als ich einmal bis in die Küche des ›Montmartre‹ vorgedrungen war und um ein paar Tröpfchen Rum bettelte, ertappte mich ein Gehilfe des Wirtes. Er packte mich beim Kragen, zerrte mich hinaus und beteuerte: »Ich hab nichts gegen Euch.«
Nach einer weiteren mißglückten Invasion begegnete ich eines Tages, erfüllt von Traurigkeit, einem Polizeiinspektor. Es war erst ein Uhr nachts, und er fragte mich, warum ich denn schon so früh heimginge. Mit schwacher, trauriger Stimme erzählte ich ihm von den schweren Kämpfen der letzten Tage, kurzum – von meiner ›Montmartre‹-Tragödie.
»Wenn Sie dort keine Krawalle machen«, erwiderte er, »und wenn Sie nicht stockbetrunken sind, muß man Sie bedienen. Kommen Sie mit mir! Sie werden sehen, daß Sie eine Flasche Bier kriegen.«
Ich folgte ihm und schöpfte neue Hoffnung für die Zukunft. Als ich an seiner Seite das ›Montmartre‹ betrat und wir uns zusammen an einen Tisch setzten, bestellte der Polizeiinspektor eine Flasche Bier für mich. Mit Überraschung stellte ich fest, daß sie nicht nur durchaus gewillt waren, mir das Bier zu servieren, sondern daß sie es sogar freiwillig taten.
»Sehen Sie?« triumphierte der Polizeiinspektor, »aber ohne mich würden Sie hier nicht sitzen.«
Andächtig trank ich das Flaschenbier, und als ich bezahlen sollte, stellte sich zum wiederholten Mal heraus, daß ich keinen Groschen dabei hatte, um die Rechnung zu begleichen. Der Polizeiinspektor quittierte sie und half mir anschließend eigenhändig aus dem ›Montmartre‹ hinaus. Während er mich den Gang entlang zerrte, murmelte er, daß meine Eltern doch sehr anständige Leute gewesen seien. Und das ist die reinste Wahrheit. Meinem seligen Vater hatte niemand aus dem ›Montmartre‹ hinaushelfen müssen.
Damit hatte die Geschichte der sonderbaren Kämpfe ihr vorläufiges Ende gefunden.
Ich erlaube mir, meinem Freund Walner dennoch ein süßes Geheimnis zu verraten:
Lieber Freund Walner, später trat ich ins ›Montmartre‹ immer

incognito, in unterschiedlicher Verkleidung ein. Der Spanier mit dem schwarzen Vollbart, der ein gebrochenes Deutsch sprach, das war ich. Aber als er einmal die Rechnung nicht bezahlen konnte, traf ihn das gleiche Schicksal: Ihr habt ihn zur Tür hinausgeworfen.
Das also war meine ›Montmartre‹-Tragödie...

Auf den Spuren der Staatspolizei in Prag

1

Wieder einmal sollte Franz Josef I. nach Prag kommen, um mit einem Hämmerchen ein paarmal auf den Grundstein einer Brücke zu klopfen. Was die tschechische Frage betraf, so hatte der alte Monarch sich hier ausschließlich auf Brücken spezialisiert. Er reiste an, beklopfte den Stein und sagte: »Das ist ja interessant, daß diese Brücke von einer Seite zur anderen führt.« Auf tschechisch fügte er noch hinzu: »Es tscheut mich, daß ihr Frechen seid«, was soviel heißen sollte wie: »Es freut mich, daß ihr Tschechen seid.« Nach einem solchen Besuch hatte das ganze tschechische Volk den Eindruck, der alte Herr leide an Paralyse.
In diesen glorreichen Zeiten hatte die Staatspolizei in Prag alle Hände voll zu tun. Sie verhaftete in der Wirtschaft ›U dvojky‹ den alten, gehbehinderten Harmonikaspieler Kučera.
Als einmal, und das ist heute schon dreißig Jahre her, ein Kaiserbesuch angekündigt worden war, hatte sich Kučera zu Fuß von Prag nach Wien aufgemacht, um eine Audienz für sich zu erzwingen. Er hatte es sich in den Kopf gesetzt, ein Tabakgeschäft verdient zu haben, nachdem eine italienische Kugel ihm bei Custozza das Bein durchbohrt hatte. Doch statt eines Tabakgeschäfts bekam er auf der Grundlage des ›Prügelpatents‹ fünf Tage Haft. Im Anschluß daran wurde er einen Monat lang in einer Wiener psychiatrischen Klinik auf seinen Geisteszustand untersucht, und die Polizei forschte nach, ob er nicht mit verdächtigen Leuten im Ausland korrespondierte. Als man feststellte, daß Kučera gar nicht schreiben konnte und völlig zurechnungsfähig war, brachte man ihn nach Prag zurück. Zum Andenken an die mißlungene Audienz beim Herrn Kaiser verfaßte Kučera ein Lied für seine Harmonika:

Aus einem noblen Wiener Haus
schaun lauter Affen raus

wie aus einem Irrenhaus
o je, o je, Wien is' nix für mich,
da bleib' ich lieber zu Haus...

Dreißig Jahre lang sang und spielte er dieses Lied in ›U dvojky‹, und immer, wenn der Herr Kaiser nach Prag kommen sollte, sperrte die Staatspolizei den Harmonikaspieler Kučera in die ›Vier‹ beim Polizeikommissariat ein, so daß Kučeras Leben sich zu einer Art mathematischer Formel entwickelte. Er selbst behauptete, der Herr Kaiser Franz Josef I. habe Angst vor ihm, dem alten Kučera, und diese Behauptung verlieh ihm immer wieder neue Lebenskraft.
Die Prager Staatspolizei knöpfte sich auch den Wanderfotografen Netečka vor, der in einem alten, abgetragenen Havelock, mit einer großen, fettbefleckten, schwarzen Krawatte und einer mächtigen Löwenmähne unter dem riesigen Hut in ganz Prag herumirrte. Dieser Mann erinnerte an einen Räuber aus den Abruzzen. Er schleppte einen abgenutzten, kaputten Fotoapparat, ein wohl hundertmal zerbrochenes und hundertmal mit Bindfaden zusammengehaltenes Holzstativ und eine Flasche Rum mit sich herum.
Vor Jahren hatte er sich bei einem Kaiserbesuch durch das Menschenspalier gedrängt, war wegen seiner furchterregenden Erscheinung auch bis zum Monarchen vorgedrungen und hatte ihm lässig zugerufen: »Beliebt es? Ein schönes Bildchen von Ihnen? Bitte recht freundlich!«
Er wurde sofort verhaftet, und im Polizeikommissariat, in der Einzelhaft, verblaßten die Träume vom Titel eines Hoffotografen allmählich. Der Polizeiarzt stellte ihm ein schönes Zeugnis aus, wonach er ein erblich belasteter Alkoholiker und ein ungefährlicher Idiot war. Netečka durfte wieder in die Gesellschaft zurückkehren. Er irrte weiterhin durch die Straßen Prags, fotografierte alte Paläste, trank Rum an den Denkmälern, die unseren Ruhm verkündeten, und regelmäßig, wenn der Herr Kaiser nach Prag gereist kam, wanderte Netečka hinter Gitter. Seinen Leidensgenossen beschrieb er seine Affäre mit knappen, leiderfüllten Worten: »Er will halt nicht, daß ich ihn fotografiere.«
Vor einem Kaiserbesuch in Prag waren regelmäßig alle Einzelhaftzellen belegt. Die Staatspolizei war nicht wählerisch. Sie sperrte alle Scherenschleifer ein, weil sie so ein blödes Gewerbe

haben – sie schärfen ja die Messer –; als wären alle Messer einzig und allein für den Herrn Kaiser bestimmt.
Von den Fensterbänken zur Straße mußten alle Blumentöpfe entfernt werden, damit nicht zufällig einer auf den Kopf Seiner Majestät fiele. Zu einem Eisverkäufer, der unschuldig die Kurbel seines Apparates drehte, kamen Detektive und schleppten ihn in Einzelhaft. Dort lag bereits der Taxifahrer Maček auf der Pritsche. Er hatte sich verdächtig gemacht, weil er einmal vor Jahren in einer Tombola im ›Schwarzen Bräuhaus‹ eine Gipsbüste Kaiser Franz Josef I. gewonnen hatte, auf deren Wohl er dann angestoßen und mit der er lange Monologe geführt hatte, um ihr schließlich den Kopf abzuschlagen und diesen in eine Herrentoilette zu werfen. Zwar konnte er nachweisen, daß er so betrunken war, wie es das Gesetz für eine solche Tat vorschrieb, aber dennoch wurde sein Name in der Kartei geführt, ebenso wie der der großmäuligen Blumenfrau vom Holzmarkt, die vor jedem angekündigten Kaiserbesuch in Prag schrie, sie werde es dem Herrn Kaiser schon ins Gesicht sagen, wie der Magistrat mit ihr umspringe.
An solchen Tagen hatte die Staatspolizei in Prag alle Hände voll zu tun, um der Öffentlichkeit vor Augen zu führen, was das Wort ›unser geliebter Monarch‹ bedeutete.
Einen Kaiserbesuch in Prag hat auch die folgende bewundernswürdige Kriminalgeschichte zum Thema. Sie rückt den Scharfsinn der Prager Staatspolizei, ihre kombinatorischen Fähigkeiten, aber auch ihr Versagen ins rechte Licht.

2

Im Stadtteil Žižkov erschienen in diesen glorreichen Zeiten die Zeitschriften ›Der Arme‹ und ›Die neue Jugend‹; beide Titel enthielten gleichwohl ein Programm. Ihnen lieferte ich damals verschiedene Artikel, in denen ich mich über wichtige Ämter lustig machte. Oft unterhielt ich mich mit dem Redakteur und Herausgeber dieser Zeitschriften, Knotek, der nun die ›Tageszeitung‹ in Ostrau redigiert.
Anläßlich eines angekündigten Besuches Seiner Kaiserlichen Majestät in Prag sollte diese auch den Stadtteil Žižkov besichtigen. Vielleicht wollte der Kaiser damit die Einwohner von Žiž-

kov für sich gewinnen, die nie besondere Sympathien für die Habsburger bekundet hatten. Darüber unterhielt ich mich an einem Nachmittag mit Redakteur Knotek in seiner Wohnung, als der Bürogehilfe Kalina eintrat, begleitet von einem düster blickenden Unbekannten.

»Freunde«, rief Kalina enthusiastisch, »dieser Herr hat unsere Redaktion aufgesucht, und ich kann mich mit ihm nicht verständigen, weil er Italiener ist. Aber er kommt geradewegs aus Rußland.«

Der Gast mit der düsteren Miene trat näher, nachdem er sich vorsichtig umgeschaut hatte. »Ich bin Pietro Perri, ein Kind von Firenze«, sagte er mit eisiger Stimme auf italienisch. »Politisch tätig in Odessa. Geflüchtet. Von Behörden verfolgt. Caramba! Einen schweren Weg über den Grenzen. Porco maladetto! Ich bitten um Ihre Gastfreundschaft. Ich arbeiten wollen. Kaiser kommen, porco maladetto!«

»Tja, schöne Bescherung, nicht wahr?« wandte ich mich an Redakteur Knotek, »die werden uns wohl bald alle einsperren!«

»Caramba«, fuhr Pietro Perri auf italienisch fort, »ich geschrieben in eurer Redaktion scharfen Artikel gegen Kaiser. Deutsch geschrieben, Madonna mia. Etwas tun müssen. Bereiten Sie etwas vor? Sie mir kein Vertrauen? Madonna mia! Meine Papiere auf den Grenze gestohlen.«

Inzwischen meinte der Redakteur Knotek zu mir, daß das Italienisch des Pietro Perri etwas sonderbar sei, worauf Pietro Perri erwiderte: »Vergessen viel Italienisch, leben in Rußland. Geflohen, porco maladetto!«

»Können Sie Russisch?«

»Vergessen, ik Italiener, Kind von Firenze, caramba!«

Inzwischen trafen einige Bekannte, der Dichter G. R. Opočenský und sein Freund Rosenzweig-Moir, ein, und mit einem Mal wechselte Pietro Perri vom Italienischen ins Deutsche hinüber. Sein Deutsch war jedoch wie sein Italienisch: es enthielt so viel dem Tschechischen Verwandtes, als übersetze er es wortwörtlich.

»Pardon«, unterbrach mich Pietro Perri, als ich in diesem Sinne meine Bedenken Rosenzweig-Moir gegenüber äußerte, »ich nicht kennen Tschechisch. Nicht ein Wort verstehen. Tschechisch schwere Sprache. Keine Gelegenheit haben lernen.«

Opočenský summte den Anfang des tschechischen Liedes »Millionen Hände...«, und Pietro Perri bemerkte: »Schönes Lied, caramba, Million Hände im Dunkel falteten... Madonna mia.«
Ich stand auf, hob meine Teetasse und rief einen Trinkspruch aus, natürlich auf tschechisch: »Hoch lebe Pietro Perri! Um halb sechs zerren wir ihn ins Badezimmer und schneiden ihm die Kehle durch!«
Pietro Perri erbleichte, zog eine Uhr aus seiner Tasche, und am ganzen Leib zitternd, erklärte er auf deutsch: »Ich mich hier nicht sicher fühlen. Mir schlecht, ich gehe. Ich draußen schlafen.«
Er nahm seinen Hut. Ich sagte zu ihm: »Pietro Perri, unser Freund Rosenzweig-Moir wird Sie begleiten, Sie können bei ihm in Vinohrady schlafen. Ich weiß gar nicht, wieso es Ihnen hier nicht gefällt. Warten Sie einen Augenblick, ich begleite Sie beide noch ein Stück.«
Wir gingen los. Als Pietro Perri im Flur sein Taschentuch herauszog, verlor er einige Revolverpatronen. Ich hob sie auf und reichte sie ihm mit der Bemerkung, daß sie zum Typ ›Bulldog 16‹ gehörten.
»Ich guten Revolver haben«, antwortete Pietro Perri und zog einen alten Revolver des Typs Lefoche aus der Tasche. Doch er hatte Pech. Die Patronen der Bulldog passen niemals in einen Lefoche-Revolver.
An der Grenze zwischen Žižkov und Vinohrady, als sich unsere Wege trennten, empfahl ich den Italiener Pietro Perri aus Rußland meinem Freund Moir. »Ich verstehe«, meinte Pietro Perri, »ich nicht tschechisch verstehen, aber bißchen ahnen.« Und er wischte sich den Schweiß von der Stirn.
Am nächsten Morgen kam Rosenzweig-Moir aufgeregt in die Redaktion des ›Armen‹. »Pietro Perri ist aus meiner Wohnung verschwunden«, meldete er beunruhigt, »ich ging Zigaretten holen, und als ich zurückkam, war Pietro Perri weg. Meine Papiere auf dem Schreibtisch waren durchwühlt, und ein Bündel Briefe, meine Korrespondenz mit Frau Mlíčková, ist auch weg.«
Das war eine sehr ernste Angelegenheit. Frau Mlíčková erinnerte meinen Freund Moir in zwanzig Briefen an die Bezahlung diverser Abendessen und Schuhcremes, an einen zerbro-

chenen Lampenzylinder und einen abhanden gekommenen Spucknapf. Mittels dieser Gegenstände hatte Moir versucht, sich in der Wohnung seiner Wirtin Frau Mlíčková vor dem Erfrieren zu retten.
Nun war Pietro Perri mit diesen wertvollen Dokumenten auf und davon und hinterließ uns lediglich ein Manuskript seines Artikels, den er am Vortag in einem entsetzlichen Deutsch in der Redaktion verfaßt hatte. Ich erinnere mich nur an einen Satz: ›Am besten wäre es, den Besuch des Kaisers so zu gestalten, daß er sich nie mehr traut, Prag zu betreten.‹
Einen Teil des Manuskripts konfiszierte der Bürogehilfe Kalina, den harmlosen Teil; den anderen, für den wir gut zwanzig Jahre hätten bekommen können, verbrannten wir gerade noch rechtzeitig, denn schon am Abend desselben Tages durchsuchte die Staatspolizei die Redaktion. Die Durchsuchung brachte keine Ergebnisse, obwohl sie selbst den Käfig mit dem Kanarienvogel durchstöbert hatten.

3

Zwei Tage später erschien in der Redaktion von ›Die neue Jugend‹ und ›Der Arme‹ ein unglücklicher Mensch. Sein Kopf war so gründlich bandagiert, als hätte man ihn zuvor mit einem Dampfhammer zerquetscht. Vom ganzen Kopf waren nur ein Auge und die Nasenspitze freigeblieben. Nie zuvor hatte ich einen so vollkommen verbundenen Kopf gesehen. Der Unglückliche berichtete mit leiser Stimme, er komme aus Nordböhmen, wo er unter den tschechischen Bergarbeitern politisch tätig gewesen sei. Er schilderte uns sein Martyrium. In Bruch hätten ihn die deutschen Nationalsozialisten zusammengeschlagen. Wir müßten etwas tun. Seine Papiere auf den Namen Matějíček habe man ihm gestohlen. Er komme zu uns mit der Bitte, ihm, dem Opfer deutscher Brutalität, eine Arbeitsstelle zu verschaffen. Er sei bereit, jede Arbeit zu übernehmen.
»Jetzt soll der Kaiser kommen«, bemerkte er ostentativ und sprach weiter davon, daß nun die Zeit gekommen sei, wo man Stellung beziehen müsse. Er könne bei uns als Bürodiener oder Kolporteur arbeiten, er sei ganz auf unserer Seite. Man habe ihm den Kopf zerschlagen. Und er drückte uns die Hände.

Ich bemerkte, daß dieser Unglückliche mit dem zerschlagenen Kopf ganz kalte Hände hatte. Ein Mensch mit wundgeschlagenem Kopf hat doch Fieber. Und dann die Stimme und das auffällige Benehmen. Ich nahm den Redakteur Knotek beiseite und bat ihn, dem Unglücklichen fünf Kronen als Vorschuß für seine Kolporteurtätigkeit auszuhändigen und sich den Empfang schriftlich bestätigen zu lassen, denn ich brauchte seine Handschrift. Der Unglückliche schrieb: ›Hiermit bestätige ich den Empfang von fünf Kronen. Miřička.‹

»Sie haben, glaube ich, vorhin gesagt, daß Sie Matějíček heißen.« Der arme Kerl stotterte, seine Papiere seien ihm gestohlen worden.

»Und deshalb wissen Sie nicht mehr, wie Sie heißen«, sagte ich, »das leuchtet mir ein. Wissen Sie, Ihre Handschrift habe ich irgendwo schon einmal gesehen. Kalina, nimm ihm den Verband ab.«

Als Kalina nach einem hartnäckigen Kampf dem Unglücklichen den Verband vom Kopf gerissen hatte, erschien vor uns – Pietro Perri. Er sank auf die Knie. Wir quetschten ihm die Finger, verdrehten ihm den Arm und versuchten auf diese Weise herauszubekommen, wie er in Wirklichkeit hieß. Wir folterten ihn den alten, schönen Vorbildern der spanischen Inquisition gemäß.

»Ich heiße Alexander Mašek«, stammelte der Gefolterte schließlich, »und stehe in den Diensten der Staatspolizei. Schlagen Sie mich nicht tot, ich werde Ihnen alles erzählen. In meiner Rocktasche finden Sie einen Zettel, darauf eine Anleitung zur Herstellung von Bomben. Diese Notiz sollte ich hier irgendwo unauffällig verstecken. Heute abend wird bei Ihnen wieder eine Durchsuchung stattfinden, und die Polizei sollte den Zettel finden. Ich bekomme hundertneunzig Kronen monatlich, und für Sie sollte ich noch dreihundert zusätzlich kriegen.«

Alexander Mašek, eine Stütze der Prager Staatspolizei, brach in Tränen aus. »Wer hat Ihnen den Kopf verbunden?«

»Der Herr Doktor Prokop von der Polizeidirektion.«

Um sicherzustellen, daß er tatsächlich Mašek hieß, begab sich Moir zur Polizeidirektion. Seelenruhig betrat er den Raum, in dem die Detektive sich trafen und fragte, ob Mašek nicht da sei.

»Mašek ist nach Žižkov in die Táboritenstraße gegangen«, antwortete ihm ein Herr mit Durchblick.

Als Moir mit diesem Bescheid zurückkam, ließen wir den gefolterten Mašek laufen, der seinen Augen nicht traute, daß er nicht erschlagen worden war. Er bat uns noch um die Bestätigung, daß er von uns enttarnt wurde, damit man ihn nicht ein drittes Mal zu uns nach Žižkov schickte. Bereitwillig stellten wir ihm folgende Bestätigung aus:

An die Polizeidirektion
Hiermit bestätigen wir auf Ersuchen des Herrn Alexander Mašek, Agent der Staatspolizei, daß der obengenannte bei uns erschienen ist und von uns als Pietro Perri und auch als der in Nordböhmen entlassene und gefolterte tschechische Arbeiter Matějíček alias Miřička entlarvt worden ist.
(Es folgten die Unterschriften.)

Seither hatten wir Ruhe vor der Staatspolizei.

4

Alexander Mašek wurde auch in einen antimilitaristischen Prozeß verwickelt. Und einmal wurde er in der Hybernskástraße erkannt und dermaßen verprügelt, daß er ins Krankenhaus eingeliefert werden mußte.
Die Polizei ließ über ihn das Gerücht verbreiten, er sei in Jičín seinen Verletzungen erlegen, und eine Nonne habe ihm die Augen zugedrückt.
Alexander Mašek blieb jedoch am Leben und weilt jetzt in Rußland, wo er sich für die tschechische Frage interessiert.
Ich habe gehört, er sei verhaftet worden und solle demnächst gehängt werden.
Wenn das stimmt, lege ich ihm diese Geschichte als Erinnerung ins Grab.

Jaroslav Hašek, der größte tschechische Schriftsteller

Im Zusammenhang mit der ›Partei des gemäßigten Fortschritts in den Schranken des Gesetzes‹ erwähnte ich schon öfters meine Person; nun fühle ich, daß es an der Zeit ist, mich von meiner unangebrachten Bescheidenheit zu befreien. Ich beabsichtige, mich den Augen der Öffentlichkeit unparteilich und kritisch zu präsentieren.

Als Vorsitzender und Kandidat der genannten Partei versuche ich mein Sinnen und Trachten so objektiv wie überschaubar darzustellen, damit niemand auch nur eine einzige meiner hervorragenden Charaktereigenschaften übersehen kann. Es gibt Augenblicke in meinem Leben, wo ich, von der eigenen Leistung überwältigt, leise vor mich hin flüstere: »Mein Gott, bin ich ein Prachtkerl!« Wenn aber niemand davon Kenntnis hat, wem sollte das nützen? Die ganze Welt soll von mir überzeugt werden, die Menschheit soll mir Hochachtung entgegenbringen, und zwar nicht nur aufgrund meines außerordentlichen Talentes und anderer wunderbarer Eigenschaften, sondern vor allem wegen meines unvergleichlich hervorstechenden Charakters. Manch einer wird sich vielleicht fragen, warum ich das Loblied über mich nicht von jemand anderem, kompetenterem singen lasse. Warum tue ich meiner Bescheidenheit solche Gewalt an und lobe mich selbst?

Meine Antwort ist: weil ich mich am besten kenne und deshalb nichts über mich sagen würde, was der Wahrheit nicht entspricht. Denn es wäre lächerlich, wenn ich in meiner Selbstdarstellung übertreiben würde. Immer dann, wenn ich mich eigentlich loben sollte, werde ich also dem Ausdruck der reinsten Bescheidenheit den Vorzug geben. Aber auch wenn ich der Meinung bin, daß Bescheidenheit ehrt, ein richtiger Mann sollte sich beileibe nicht zieren. Seien wir also nicht allzu bescheiden. Werfen wir endlich alle Sentimentalitäten über Bord, und seien wir Männer. Schämen wir uns nicht länger, die eigenen Vorzüge auch öffentlich zu preisen. Wie wunderbar, daß ich mutig gestehen kann, »Hochwürden, ich bin ein Genius!«,

während ein unangemessen bescheidener Mann von sich sagen würde, »Hochwürden, ich bin ein Mistvieh!«
Ein Mensch, der sich selbst richtig einzuschätzen weiß, spielt sich verständlicherweise gerne in den Vordergrund und lobt das eigene Ich. Ein allzu bescheidener sitzt auf dem Klosett, während sein glücklicher Widersacher Karriere macht und öffentliche Anerkennung erzielt. Falsche Bescheidenheit ist der gemeinste Zug des menschlichen Charakters. Sie ist ein Betrug, der mit dem Deckmäntelchen der Genügsamkeit kaschiert wird. Es wäre geradezu eine Sünde dem ganzen tschechischen Volk gegenüber, wenn ich – ein in der tschechischen Literatur, der Politik und dem öffentlichen Leben so verdienstvoller Mann – das Volk in Ungewißheit darüber ließe, ob ein Genius in mir schlummert oder nicht.
Aus diesem Grund behaupte ich in aller Schlichtheit: In der Geschichte der Menschheit gibt es nur ein einziges, äußerst vielseitig talentiertes und vollkommenes Individuum – das bin *ich*. Denken Sie nur an meine exzellenten Kurzgeschichten! Was entdecken Sie, während Sie Seite um Seite weiterblättern? Daß jeder Satz einen tiefen Sinn hat, daß jedes Wort richtig gesetzt ist und alles im Einklang mit der Wirklichkeit steht. Wenn ich eine Landschaft beschreibe, so haben Sie sie wie auf einem Foto direkt vor Augen. Die Personen, die ich Ihnen in reizvoll verwickelten Handlungen vorstelle, erscheinen Ihnen wie Menschen aus Fleisch und Blut, und immer schreibe ich das einwandfreieste Tschechisch, das in seiner Tadellosigkeit sogar die Kralische Bibel [Bible Kralická, dt. die Kralische Bibel, das ist die 1593 aus dem Lateinischen ins Tschechische von den »böhmischen Brüdern« übersetzte Bibel] übertrifft. Jeder Satz in meinem Werk spornt Ihre Leselust unermüdlich an. Sie merken sofort, welch ein Zauber Ihre Seele ergreift, wie Ihnen warm ums Herz wird, wie Sie aus lauter Seligkeit nur noch lächeln und sich von dem Buch gar nicht mehr trennen können, so daß Sie es immer bei sich tragen müssen.
Mehrmals war ich Augenzeuge, wenn ein Leser eine Zeitschrift verdrießlich aus der Hand legte, weil er keinen Beitrag aus meiner Feder darin gefunden hatte. Ja, auch ich legte manche Zeitung zur Seite, denn ich gehöre gleichfalls zu meinen Verehrern. Daraus mache ich gar keinen Hehl. Jede gerade publizierte Arbeit lasse ich mir von der liebenswürdig-

sten und intelligentesten aller Frauen – meiner Ehefrau Jarmila – vorlesen und finde kaum einen Satz, nach dem ein Aufschrei verdienter Bewunderung wie – »Das ist ja wunderbar!« – »Wie herrlich!« – »Was für ein Kopf, dieser Herr Jaroslav Hašek!« – nicht angemessen wäre. Soviel nur ganz nebenbei, um Ihnen unwiderlegbar vor Augen zu führen, welche Begeisterung meine Literatur in breiten Leserkreisen hervorruft. Bin ich doch felsenfest davon überzeugt, daß Tausende und Abertausende von Lesern ebenso entzückt sind. Ihre Begeisterung bedeutet mir ungeheuer viel, weil sie den klugen Herzen ungezählter Menschen entströmt, für die ich *immer* der berühmteste Schriftsteller der Welt bleiben werde. Ich bin der beste Beweis dafür, daß Kritiker, die leichtsinnigerweise behaupten, bei uns in Böhmen gäbe es keinen einzigen Schriftsteller von Weltrang, Lügenmärchen verbreiten.

Doch kommen wir nun endlich zur Würdigung meines Charakters. Wer so wunderbar wie ich erzählen kann, muß eine schöne Seele haben.

Die bevorstehenden Reichstagswahlen geben mir die Möglichkeit, daß ich, als der von mehreren Bezirken einstimmig gewählte Kandidat, das österreichische Parlament endlich von der Schande befreie, den edelmütigsten Menschen von ganz Österreich-Ungarn noch immer nicht in seine Reihen aufgenommen zu haben. Mit dem ›edelmütigsten Menschen‹ meine ich selbstverständlich mich.

Auch diese Aufzeichnungen zählen zu meinen bedeutenden und großmütigen Leistungen. Gibt es denn Edelmütigeres, als jemandem völlig uneigennützig zum Gipfel des Ruhms zu verhelfen?

Nachwort

Vor mehr als siebzig Jahren, zur Zeit ihrer Entstehung, muß die Geschichte ›*Jaroslav Hašek, der größte tschechische Schriftsteller*‹ auf einige Leser wie ein Scherz mit dem versteckten Wunsch des Autors nach größerer Anerkennung gewirkt haben. Auf andere machte sie vielleicht den Eindruck einer eitlen Selbstüberschätzung. Für uns stellt sich die Frage, ob Jaroslav Hašek mit dieser ironischen Selbstdarstellung jemals etwas anderes beabsichtigte, als seine Leser in durchaus vertrauter Weise auf den Arm zu nehmen.
An der Absicht, seine Leser an der Nase herumzuführen, daran erkannte das Prager Publikum seinen Hašek. Aber, daß in dieser Geschichte ein Körnchen Wahrheit verborgen liegt und Jaroslav Hašek den Wert und die Originalität eigener Schöpfung intuitiv richtig eingeschätzt hatte, stellte sich nur wenige Jahre nach seinem frühen Tod im Jahre 1923 heraus. Denn er ist mit seinem Roman ›*Die Abenteuer des braven Soldaten Schwejk*‹ weltberühmt geworden. Der ›*Schwejk*‹ wurde in achtzehn Sprachen übersetzt, vertont, verfilmt, als Theaterstück aufgeführt, vielfach nachgeahmt und parodiert. Als eine meisterhafte Satire auf den Imperialismus und die bornierte Selbstgefälligkeit des Militärs, als subversive Erzählung vom großen Krieg aus der Sicht des kleinen Mannes behauptet er sich zu Recht neben den größten Satiren der Weltliteratur – neben Werken von Mark Twain, Nikolai Gogol oder Karl Kraus.
Jaroslav Hašek ist meines Erachtens bis heute der weltweit bekannteste tschechische Schriftsteller geblieben, obwohl die tschechische Literatur in den letzten Jahrzehnten mehrere Satiriker von Rang hervorgebracht hat. Denn auch wenn der Name Jaroslav Hašek außerhalb der für osteuropäische Literatur fachkundigen Kreise selten genannt wird, verbindet fast jeder mit dem ›*braven Soldaten Schwejk*‹ eine Vorstellung. Die Hauptfigur in Hašeks Roman, der geniale Tölpel und behördlich anerkannte Idiot Josef Schwejk, machte den Autor weltberühmt und scheint als literarische Gestalt noch unvergäng-

licher zu sein als sein Erfinder. Denn inzwischen ist Schwejk eine legendäre Figur, ja sie ist Symbol des derben böhmischen Humors geworden, mit dem andere komische Gestalten – und nicht nur aus dem Bereich der Literatur – häufig und gern verglichen werden.

Hašeks Leben und Werk sind eng miteinander verflochten. Es wäre aber gänzlich falsch, Josef Schwejk oder andere komische Figuren in Hašeks Geschichten einfach mit dem Autor zu identifizieren.

Hašek selbst gab zu seinen Lebzeiten seine Person nicht preis. Im Gegenteil: er mystifizierte sein Leben, indem er Gerüchte über sich selbst in die Welt setzte und bei ihrer Verbreitung tüchtig mithalf. Und auch wenn er schreibend sich selbst beim Namen nannte, entpuppten sich seine literarischen Selbstdarstellungen als Parodien traditioneller literarischer Formen, wie beispielsweise die der Lebensbeichte oder des Nachrufs.

Man nahm ihm in literarischen Kreisen seine bewußt antiliterarische Haltung vielfach übel, denn Hašeks Schmähsucht machte vor seinem eigenen Berufsstand ebensowenig halt wie vor anderen gesellschaftlichen Gruppierungen. Es ist daher nicht weiter verwunderlich, daß er keiner der literarischen Gruppen angehörte, die es im Prag der Jahrhundertwende und der 20er Jahre so zahlreich gab. Doch kannten ihn die meisten Prager Schriftsteller, obwohl er eher im Ruf eines humorvollen Kneipenkumpans als in dem eines ernst zu nehmenden Schriftstellers stand. In Prag kursierten zahlreiche Legenden über ihn, die auch nach seinem Tod nicht zum Stillstand kamen. Dafür sorgten Freunde wie Feinde und die alten Zechkumpanen gleichermaßen, die sich in bunt ausgeschmückten ›Augenzeugenberichten‹ seiner erinnerten.

Wer aber war nun Jaroslav Hašek?

Er wurde am 30. April 1883 als Sohn eines Gymnasiallehrers in Prag geboren und wuchs in kleinbürgerlichen Verhältnissen auf. Wegen Teilnahme an einer politischen Demonstration mußte er das Gymnasium verlassen, absolvierte eine Lehre als Drogist und kehrte zu einem späteren Zeitpunkt in die Schule zurück. Nach einem dreijährigen Besuch der gerade eröffneten Tschechoslowakischen Handelsakademie in Prag arbeitete er

als Angestellter in einer Bank. Doch ein geregeltes Leben entsprach nicht seiner Wesensart. Er schlug sich die meiste Zeit als freier Journalist und Schriftsteller durch. Seine Beiträge für verschiedene Prager Zeitungen und Zeitschriften, Humoresken, Anekdoten, Reiseberichte und Feuilletons u. a., wurden seit seinem achtzehnten Lebensjahr unter annähernd neunzig Pseudonymen regelmäßig publiziert.
Eine Zeitlang hatte er aber auch einen festen Posten als Redakteur der Zeitschrift ›*Svět zvířat*‹ (dt. Die Welt der Tiere). Eine feste Anstellung war eine der Bedingungen, die seine Schwiegereltern ihm stellten, ehe er ihre Tochter Jarmila heiraten durfte, auf deren Hand er lange geduldig gewartet hatte.
Als Redakteur der Zeitschrift ›*Die Welt der Tiere*‹ frequentierte Hašek das Gasthaus ›*Kravín*‹ (dt. Zum Kuhstall) im Prager Stadtteil Vinohrady, wo er zusammen mit seinen Zechkumpanen aus der Prager Bohème Kabarett spielte. Es waren reichlich improvisierte Auftritte. Die Rollen schrieb sich jeder selbst am Nachmittag, um achtzehn Uhr war Generalprobe, und nachdem die meisten Gäste zu Abend gegessen hatten, wurde gespielt. Hašek trat mit Vorliebe in Frauenrollen auf. Eines Tages, während einer Wahlkampagne in Vinohrady, stellte sich Hašek den Gästen und seinen Kumpanen im Stammlokal ›*Zum Kuhstall*‹ auch als Vorsitzender, Kandidat und Hauptredner einer neuen, eigens gegründeten ›*Partei des gemäßigten Fortschritts in den Schranken der Gesetze*‹ vor. In seinen politischen Reden wie in den Kabarett-Auftritten brillierte Hašek durch seine Improvisationskünste. Die Kabarett-Auftritte, die Abend für Abend stattfanden, wurden zu einer besonderen Attraktion in der Prager Vorkriegsbohème. Sie sind mit Happenings oder Dada-Veranstaltungen vergleichbar. Publikumsbeteiligung und Publikumsbeschimpfung gehörten selbstverständlich dazu.
Schon nach relativ kurzer Zeit war Hašeks Versuch, eine bürgerliche Existenz zu gründen, gescheitert. 1912 wurde er aus der Redaktion ›*Die Welt der Tiere*‹ kurzerhand hinausgeworfen, weil er merkwürdige Tierspezies erfand, die es in Wirklichkeit gar nicht gab. Derartige Artikel zogen Beschwerdebriefe aufgebrachter und beleidigter Tierfreunde nach sich, was für den Herausgeber der Zeitschrift Grund genug war, Hašek zu kündigen. Im gleichen Jahr verließ Hašek seine Frau und den gerade geborenen Sohn. Er unternahm zahlreiche Reisen durch verschie-

dene europäische Länder, wanderte, vorwiegend zu Fuß, durch den Balkan, Italien, Galizien, die Schweiz und auch durch Deutschland; er war u. a. in Westfalen, Bayern, Schwaben und im Thüringer Wald. Während seiner Reisen bestritt er seinen Lebensunterhalt durch Betteln oder durch Gelegenheitsarbeiten – als Hilfsarbeiter in einem Bergwerk oder auf einem Schlachthof, als Fellhändler, Bäckergeselle oder Maschinist, um nur einige der zahlreichen Berufe zu nennen. Auf diese Weise lernte er in den verschiedensten Lebensbereichen das Leben der einfachen Menschen mit all seinen Härten und Freuden kennen, und diese Menschen stellte er in den Mittelpunkt seiner literarischen Arbeiten.

Eine entscheidende Wende im Leben und im Schaffen von Jaroslav Hašek brachte der Erste Weltkrieg. Hašek wurde 1915 zum Militärdienst eingezogen und dem 91. Infanterieregiment zugeteilt, das in Budweis stationiert war. Im Juni 1915 wurde das Regiment an die galizische Front verlegt. Nach dem Gefecht bei Chorupan wurde Hašek als vermißt gemeldet. Er war im September 1915 zusammen mit zahlreichen tschechischen und slowakischen Soldaten auf die russische Seite übergelaufen. Nach einer Internierungszeit in verschiedenen sowjetischen Kriegsgefangenenlagern fand er Anschluß an eine Legion tschechischer und slowakischer Freiwilliger, die gegen die alte österreichisch-ungarische Monarchie kämpften. In den nachfolgenden Kriegsjahren war Hašek Redakteur der in Kiew erscheinenden Frontzeitungen der Roten Armee ›*Unser Weg*‹ und ›*Der rote Schütze*‹ und brachte es sogar zu einer hohen politischen Funktion; er wurde stellvertretender Chef in der politischen Leitung der 5. Sibirischen Armee.

Während des Krieges war Hašek mehrfach totgesagt, wegen Hochverrat steckbrieflich gesucht und zum Tode verurteilt worden. Auch als er 1921 unter dem falschen Namen Josef Staidl nach Prag zurückgekehrt war, versuchte man ihm einen Hochverratsprozeß anzuhängen, weil er von der tschechischen Legion zur Roten Armee übergelaufen war. Er kehrte in Begleitung seiner zweiten Frau Schura, einer russischen Dorfschönheit, zurück, ließ sich von seiner ersten Frau jedoch nie offiziell scheiden. Von den tschechischen Behörden wurde er wegen Bigamie nur deswegen nicht verfolgt, weil diese russische Heiratsurkunden prinzipiell nicht anerkannten.

Die Erfahrungen in Rußland – Krieg, Revolution und Bürgerkrieg – hatten die Entwicklung des Autors wesentlich vorangetrieben. Sein künstlerisches Schaffen bekam eine neue Dimension. Statt weiterhin wie vor dem Krieg nur Kurzgeschichten zu schreiben, begann er die Kriegsodyssee eines typischen Durchschnittsmenschen aufzuschreiben – *›Die Abenteuer des braven Soldaten Schwejk‹*. Da er für die Veröffentlichung zunächst keinen Verleger fand, wurde der Roman im Selbstverlag in Fortsetzungsheften herausgegeben und mit Hilfe seiner Freunde in Prager Gasthäusern und Kneipen kolportiert. Das erste Heft erschien bereits im März 1921 und umfaßte 32 Seiten.
Im Herbst 1921 brachten Freunde den kranken, unter den Folgen jahrelangen Alkoholkonsums leidenden Hašek in die kleine nordböhmische Stadt Lipnice, wo er die Arbeit an seinem Roman fieberhaft fortsetzte. Zwar soll er weiterhin die meiste Zeit im Wirtshaus der Gemeinde verbracht haben, doch lieferte er wöchentlich die 32 Seiten seines Schwejk-Romans ab. Auf diese Weise entstanden vier Bände, doch der Roman blieb unvollendet. Jaroslav Hašek starb am 3. Januar 1923, noch nicht vierzigjährig, an den Folgen seines übermäßigen Alkoholkonsums.

In einem Nachruf nannte ihn das *›Prager Tagblatt‹* vom 5. Januar 1923 *›den besten Humoristen Böhmens‹*. Diese Meinung dürfte der Auffassung der Leser dieses Blattes entsprochen haben, von der offiziellen tschechischen Literaturkritik aber blieb Hašek weiterhin unbeachtet. Diese Ablehnung basierte vor allem auf Hašeks antiliterarischer, nonkonformer Haltung, die sich u. a. im hemmungslosen Gebrauch einer deftigen Sprache äußerte. Hašek verteidigt seine Sprache im Nachwort des 1. Bandes seiner *›Abenteuer des braven Soldaten Schwejk‹*:
›Menschen, die über einen starken Ausdruck ungehalten sind, sind Feiglinge, denn das wirkliche Leben überrascht sie, und gerade schwache Menschen sind die größten Schädlinge für die Kultur und den Charakter. Sie möchten das Volk zu einer Schar überempfindsamer Leutchen erziehen, zu Masturbanten einer falschen Kultur, nach Art des heiligen Aloisius, von dem in dem Buche des Mönches Eustachius erzählt wird, daß er, als er hörte, wie ein Mann mit lautem Getöse seine Winde fahren

ließ, zu weinen begann und sich nur durch ein Gebet zu beruhigen vermochte.
Es gibt auch Menschen, die sich öffentlich entrüsten, aber mit ungewöhnlicher Vorliebe öffentliche Klosetts aufsuchen, um dort die unschicklichen Aufschriften an den Wänden zu lesen.‹

Nur der renommierte tschechische Erzähler *Ivan Olbracht* würdigte schon im November 1921 Hašeks Roman. In der Tageszeitung der Kommunistischen Partei ›*Rudé Právo*‹ nannte er Hašek einen ›*genialen Idioten*‹ und wertete den Schwejk-Roman als einen wichtigen Beitrag zur Weltliteratur, der seinen Platz neben den Werken eines Karl Kraus hätte. In Schwejk sah Olbracht einen neuen Helden-Typus, der in drastischem Kontrast zum Typus der problematischen Naturen stehe. Schwejk verkörperte die Eigenschaften des kleinen Mannes von der Straße; er ist jeder Situation gewachsen, meistert mit Hilfe seiner Schlitzohrhaltung konfliktreiche Situationen, ohne dabei an menschlicher Substanz zu verlieren.
Mit dieser Meinung blieb Ivan Olbracht jedoch lange allein. Welcher Rang Hašeks Oeuvre in der repräsentativen tschechischen Literatur zugewiesen werden sollte, blieb nach wie vor jahrzehntelang umstritten.
Ein heftiger Streit um Hašeks weltliterarische Bedeutung brach unter den tschechischen Literaturkritikern im Jahre 1926 aus, als Hašeks Verleger Synek den Schwejk von Grete Reiner ins Deutsche übersetzen ließ. Diese erste Übersetzung trug zur internationalen Anerkennung von Jaroslav Hašek wesentlich bei. Der ›*Schwejk*‹ wurde von *Kurt Tucholsky* und *Bertolt Brecht* bewundert. 1929 inszenierte ihn *Piscator* in Berlin, und *Bertolt Brecht* adaptierte den Schwejk auf seine Weise 1943 in seinem Drama ›*Schwejk im Zweiten Weltkrieg*‹.

Die zahlreichen Kurzgeschichten Jaroslav Hašeks stehen, was den Bekanntheitsgrad, nicht aber ihre Originalität betrifft, im Schatten des Schwejk-Romans. Eine Auswahl wurde 1928 von Grete Reiner ins Deutsche übertragen und 1983, zum 100. Geburtstag von J. Hašek als Fischer Taschenbuch [›Von Scheidungen und anderen tröstlichen Dingen. Humoresken von Jaroslav Hašek‹ (Bd. 5766)] neu aufgelegt. Angesichts der Tatsache, daß die Gesamtzahl der Erzählungen, die Hašek zeitlebens zum Zwecke des Broterwerbs geschrieben hat, auf ca. 1600 geschätzt wird, mutet die Zahl der bislang in der Bundesrepublik veröffentlichten Humoresken-Bücher verschwindend gering an.

Der vorliegende Erzählband illustriert, daß der Autor ein intuitiver Erzähler ist, dessen Lust an Improvisation und Fabulierkunst unvergleichlich größer ist als das Bemühen um sprachliche und stilistische Perfektion. In der Komposition der Erzählungen ist das für die damalige Zeit avantgardistische Prinzip der Collage unverkennbar. Unzählige Episoden von der banalsten Alltäglichkeit bis hin zu den wichtigsten tagespolitischen und historischen Ereignissen der Zeit werden mit Zitaten aus Büchern, Zeitungen, Briefen, Broschüren und Dokumenten »gespickt«.
Hašeks Gestalten verkörpern keine Helden im traditionellen Sinne, die sich durch Mut, Tatkraft, Stärke und Erfolg im Leben auszeichnen, sondern es sind einfache, vielfach auch benachteiligte kleine Leute, die einen Ausweg aus ihrer mißlichen Lage suchen und sich gegen Autoritäten auflehnen, indem sie diese Autoritäten schlitzohrig-verschmitzt beim Wort nehmen und sie dadurch ad absurdum führen. Hašek knüpft damit an die alte Tradition des Volkshumors, an Gestalten wie Hanswurst, Till Eulenspiegel und Sancho Pansa an.
Ironisch und spöttisch nimmt der Autor diejenigen ins Visier, die gesellschaftliche Autorität verkörpern: die Beamtenschaft, den Klerus, die Presse, die Politiker, die Zensoren und das Militär der alten österreichisch-ungarischen Monarchie. Die beliebteste Zielscheibe seines Spottes ist zweifellos der österreichische Polizeiapparat mit seinen Polizisten, Inspektoren, Kommissaren und Detektiven.

Wer Jaroslav Hašek liest, hat noch viel zu entdecken. Ich wünsche mir, der Leser könnte vor allem den Humor dieser Erzählungen in unserer oft humorlosen Zeit wie eine kleine erfrischende Brise genießen.

Hamburg, Januar 1986 *Jana Halamíčková*

Jaroslav Hašek

Schule des Humors
Zwölf Lektionen
Kurzgeschichten. Band 5372

Der Titel ›Schule des Humors‹ ist nicht ganz ernst, auch nicht unbedingt wörtlich zu nehmen. Strengen Pädagogen sollte von der Lektüre dennoch dringend abgeraten werden. Denn Hašeks bitterböse Humoresken aus dem bürgerlichen Heldenleben lassen das aufbauende Moment vermissen: alle seine Geschichten enden in boshaften Pointen, denen geschickt lancierte Katastrophen den Weg bereiten.

Von Scheidungen und andern tröstlichen Dingen
Humoresken. Band 5766

Die Zielscheibe seines Spottes sind Dummheit und Beschränktheit seiner Mitmenschen. Von den ins Aberwitzige vergrößerten Schwächen wird so boshaft pointiert erzählt, daß den Leser ein ganz besonderes Lesevergnügen erwartet.

Der Abstinenzlerabend und andere Humoresken
Herausgegeben von Jana Halamičková
Band 5840

Wie der Quartaner Papoušek im Traum Julius Cäsar begegnet, der seinem Lateinlehrer zum Verwechseln ähnlich sieht, wie das Prager Amtsblatt durch sinnentstellende Druckfehler seine Leser zu bildungsbeflissenen Nachforschungen anregt oder wie aus dem humanistisch gesinnten, fürstlichen Bibliothekar Herrn Caboun im Handumdrehen ein Lausbub wird. Diese und andere Grotesken aus dem Leben des Prager Kleinbürgers sind nachzulesen in 34 bislang unbekannten Humoresken.

Fischer Taschenbuch Verlag

fi 352/1

Satire

Florian Steinbiß (Hg.)

Ich bin bei dir, aber du bist gerade weit weg

Lieder und Texte aus dem Beziehungsdschungel von Robert Gernhardt, Udo Lindenberg, Wolfgang Niedecken u. a.

Band 8132

Aller Liebe Freud und Frust sind hier versammelt: in Liedern von Ideal, Wolf Biermann, Udo Lindenberg, Wolfgang Niedecken, Nina Hagen..., in Storys von Bernhard Lassahn, Walter Bögeholz, Robert Gernhardt..., sowie in Zeichnungen von Chlodwig Poth, F. K. Wächter, Franziska Becker und F. W. Bernstein. Ein Buch für Verliebte, Liebende und Leute mit ›Beziehungsfrust‹ und für alle, die über ernste Sachen sich gerne auch mal lustig machen. Wer sich bereits tief im Beziehungsdschungel verirrt hat, findet vielleicht am roten Faden dieser Anthologie wieder aus ihm heraus. Denn wie fing alles an?

Putz! Frauen

Claire Bretecher · Eva H. · Barbara Henninger Hogli · Nicole Hollander · Kmö · Doris Lerche · Marie Marcks

Band 8150

Gibt es den feministischen Cartoon?
Den unterschiedlichen Hohn?
Acht Karikaturistinnen hauen auf den Putz!

Fischer Taschenbuch Verlag

im Fischer Taschenbuch Verlag

Band 8150

Band 8190

Band 8198

Band 8154

Band 8167

Band 8155

fi 474/1